D1731916

JEANNE MOREAU
A LE SOURIRE À L'ENVERS

DU MÊME AUTEUR

ROMANS, RÉCITS ET CONTES

Les Jérémiades, Éditions Sémaphore, 2009.

« Ce que Mariah Carey a fait de moi », *Être un héros : des histoires de gars*, La courte échelle, 2011.

Les cicatrisés de Saint-Sauvignac (histoires de glissades d'eau) : contes (avec Jean-Philippe Baril Guérard, Sarah Berthiaume et Mathieu Handfield), Ta mère, 2011.

Martine à la plage, La Mèche, 2012.

Javotte, Leméac, 2012.

Les monstres en dessous, Québec Amérique, 2013.

THÉÂTRE

Qu'est-ce qui reste de Marie-Stella ?, Dramaturges Éditeurs, 2009.

Éric n'est pas beau, L'École des loisirs, 2011.

Danser a capella : monologues dynamiques, Ta mère, 2012.

Les mains dans la gravelle, Éditions de la Bagnole, 2012.

POÉSIE

Poèmes du lendemain 18 (avec Valérie Forgues), Écrits des Forges, 2009.

Nancy croit qu'on lui prépare une fête, Poètes de brousse, 2011.

La sueur des airs climatisés, Poètes de brousse, 2013.

ALBUM POUR ENFANTS

Un verger dans le ventre, La courte échelle, 2013.

Simon Boulerice

Jeanne Moreau a le sourire à l'envers

roman

LEMÉAC • JEUNESSE

Ouvrage édité sous la direction
de Maxime Mongeon

Couverture : illustration de Jean-François Poisson

Leméac Éditeur reconnaît l'aide financière du gouvernement du Canada par l'entremise du Fonds du livre du Canada pour ses activités d'édition et remercie le Conseil des arts du Canada, la Société de développement des entreprises culturelles du Québec (SODEC) et le Programme de crédit d'impôt pour l'édition de livres du Québec (Gestion SODEC) du soutien accordé à son programme de publication.

ISBN 978-2-7609-4217-2

4609, rue D'Iberville, 1er étage, Montréal (Québec) H2H 2L9
Dépôt légal – Bibliothèque et Archives nationales du Québec, 2013

Imprimé au Canada

À Serge Marois

«Je suis adroit de la main gauche, mais je suis gauche de la main droite.»

RAYMOND DEVOS

« Le point commun entre tous les hommes que j'ai aimés ? Moi ! »

JEANNE MOREAU

1

Je m'exerce à écrire de la main gauche. Je suis droitier, alors c'est compliqué. J'ai toujours écrit de la main droite. Je fais presque tout de la main droite, en fait. Ce n'est pas sorcier. Je me brosse les dents de la main droite. Je zippe mon jeans de la main droite. Je tiens ma fourchette de la main droite. OK : j'appuie sur la pompe à savon liquide de la main gauche, mais c'est parce que j'ouvre les robinets de la main droite. Si on m'amputait de la main droite, je nagerais en réel désarroi. C'est Carl, mon meilleur pote, qui m'a fait remarquer ça. Lui, il est ambidextre. C'est-à-dire qu'il se sent apte à faire toutes les choses que j'ai énumérées plus haut des deux mains. Il se dit aussi habile de la main droite que de la gauche. Je le crois.

C'est ce midi, à la cafétéria, que Carl m'a fait réaliser que je serais dans le pétrin sans main droite. À la blague, il m'a proposé de m'exercer dès maintenant à faire des trucs de la main gauche, pour travailler mon ambidextrie (oui, c'est le mot, j'ai vérifié).

Pour développer une polyvalence manuelle, si on veut. Je lui ai dit « oui, c'est ça » en voulant dire que c'était un conseil stupide, mais depuis dix minutes, je n'arrête pas de penser à ça. Si je me casse le poignet droit, je suis dans le pétrin pour vrai. J'ai tenté d'écrire LÉON en lettres majuscules et ç'a été une véritable catastrophe. Les lettres étaient d'une laideur inouïe.

Depuis dix minutes, donc, je m'exerce à écrire de la main gauche. C'est comme si je m'exerçais à écrire à l'envers. À l'envers de ma norme. C'est comme si j'écrivais d'une main qui n'était pas fonctionnelle. J'ai l'impression de réapprendre à écrire. J'aligne les lettres de l'alphabet. Chaque lettre est laborieusement tracée, pareil à quand j'étais en première année. Après avoir massacré deux fois en entier la typographie de l'alphabet, je passe aux choses sérieuses. Je passe à Léon Renaud.

Léon Renaud, Léon Renaud, Léon Renaud,
Léon Renaud, Léon Renaud, Léon Renaud,
Léon Renaud, Léon Renaud, Léon Renaud,
Léon Renaud, Léon Renaud, Léon…

Toutes mes lettres sont inclinées, comme si on leur avait soufflé dessus. Une rafale sur Léon Renaud. Léon Renaud, c'est moi. Et ça me va bien : j'ai toujours les cheveux mêlés, comme si une grosse bourrasque s'était occupée de ma tête.

... Renaud, Léon Renaud, Léon Rena...

J'écris comme un enfant. Non, comme un vieillard plutôt. Chacune de mes lettres tremblote et la tracer me demande un temps fou. Je dois me rendre à l'évidence: Carl a raison. Si je me casse le poignet droit, je vais être dans le pétrin.

Je suis surpris; j'étais persuadé que ma calligraphie serait aussi jolie de la gauche que de la droite. Il faut dire que lorsque j'écris de la main droite, ma calligraphie est irréprochable. Ce n'est même pas moi qui le dis. C'est ma correspondante.

Oui: j'ai une correspondante. Une vraie de vraie. Je veux dire, une fille à qui j'écris des lettres à la main. Pas par ordinateur. À la main. Bon, OK, ça nous arrive de se dire allô sur Facebook, mais ce qu'on aime, c'est s'écrire de longues lettres. De très longues lettres qu'on s'envoie par la poste. Je sais que ça ne se fait plus, que ce n'est pas de notre époque, mais mon amie et moi, on aime le moment où le facteur apporte la lettre de l'autre. On aime encore plus déchirer le rabat de l'enveloppe. Moi, je le fais avec mon index et elle, avec un coupe-papier. C'est ce qu'elle m'a écrit. C'est sans doute parce qu'elle est plus raffinée que moi. Mais plus que tout, on adore tenir dans nos mains une lettre manuscrite de notre plus belle calligraphie. Ça fait très ancien, comme façon de faire, mais ça nous plaît, à nous.

J'hésite à partager le nom de cette correspondante. C'est un peu ridicule, mais bon, je vais lâcher le morceau : elle s'appelle Léonie. Déjà, c'est inusité, comme prénom. Mais que son correspondant préféré se prénomme Léon l'est encore plus. En tout cas, je trouve.

Au début de l'année scolaire, notre professeure de français nous a proposé de démarrer une correspondance à l'écrit avec des élèves venus d'ailleurs. Mais d'un ailleurs pas trop loin. Près de la ville de Québec. Bon, j'avoue que pour l'exotisme, on repassera. Notre professeure a une meilleure amie qui, comme elle, enseigne le français à une classe de troisième secondaire. Elles sont proches depuis leurs études, mais n'habitent plus dans la même ville. L'une enseigne sur la rive sud de Montréal (Marie-Andrée, ma prof à moi), et l'autre enseigne sur la rive sud de Québec (Marie-Claude, la prof de Léonie). Elles s'écrivent une lettre par semaine et elles ont eu l'idée d'appliquer ce concept de correspondance à nous, leurs élèves.

Un matin du mois de septembre, peu de temps après la rentrée scolaire, Marie-Andrée est arrivée à l'école avec vingt-six courts textes de présentation écrits à la main. Nous devions choisir notre correspondant. Je n'ai même pas choisi Léonie comme correspondante en fonction de son prénom. Je l'ai choisie grâce à sa calligraphie. Sa très belle calligraphie. J'ai aimé immédiatement la façon dont elle écrit le *L* de son prénom, comme une madame, ou n'importe qui d'important. Je dois dire que je m'intéresse de près à la graphie des mots. Pour ma fête, j'ai reçu un petit livre sur l'étude de la calligraphie. La graphologie, que ça s'appelle. C'est très sérieux, tout ça. Plus qu'on pourrait le croire. Notre écriture en révèle beaucoup sur nous. Que ce soit le trait, l'espacement, l'inclinaison, la pression du crayon sur la feuille, la distance par rapport aux marges et la lisibilité de nos lettres, tout ça veut dire quelque chose sur notre personnalité. Par exemple, dans ce livre, j'ai appris que si votre écriture incline vers la gauche (une écriture renversée, dans le jargon), vous vivez un peu trop dans le passé. Si elle incline vers la droite (une écriture inclinée), vous vivez un peu plus dans le futur. Et si elle est droite comme un i (mais un i droit, là, on s'entend ?), eh bien, vous vivez à fond le moment présent. Exemple un peu simple, j'en conviens. L'écriture dynamique de Léonie incline légèrement vers la droite. J'en déduis que c'est une fille enthousiaste, qui vit le moment présent avec une tendance à se projeter dans le futur. Une fille avec de l'ambition, dans le fond. Pour ma part, mon écriture, foncée, incline à gauche, mais à peine. J'en déduis que j'appuie trop fort sur mon crayon et que je vis dans le moment présent avec une fâcheuse habitude à verser dans la nostalgie. La nostalgie, c'est aimer se souvenir. C'est ma mère qui dit ça. Elle prétend que j'aime me rappeler ce que j'étais, plus jeune. J'aime me souvenir, oui. C'est vrai. Le petit livre sur la calligraphie est plein de vérités.

Je regarde mon écriture présentement. Ma série de *Léon Renaud* est terriblement inclinée vers le futur. Ça détruit totalement ma théorie selon laquelle je serais un gars enclin à la nostalgie. Mais je crois que c'est ma mauvaise main qui brouille les pistes. Ma main gauche, ce n'est pas mon vrai moi. C'est le faux moi. Le faux moi qui vit à l'envers de moi, dans le futur. Alors que le vrai moi, lui, il aime se souvenir.

Donc, j'en étais aux vingt-six textes de présentation. Quand j'ai vu le *L* de Léonie, un *L* raffiné, presque compliqué, j'ai su sur-le-champ qu'elle allait être ma correspondante. Le problème, c'est que dans ma classe, nous sommes vingt-sept élèves. Nous savions donc qu'un des élèves de Marie-Claude allait avoir deux correspondants. Et évidemment, c'est tombé sur moi. J'aurais voulu que Léonie me soit exclusive, mais non. Il a fallu que

Carl, mon ami ambidextre, jette lui aussi son dévolu sur Léonie et son écriture très colorée. Je crois qu'il a fait ça pour m'agacer, mais il m'a assuré que c'est parce qu'il trouvait son prénom trop drôle.

Pendant plus d'un mois, on a correspondu à trois. Carl et moi économisions nos timbres en joignant nos lettres. Mais Léonie, elle, nous envoyait systématiquement une lettre chacun. Je la trouvais très cool de faire ça. Puis j'ai su que son père était médecin, alors je me suis dit qu'ils avaient l'argent, eux, pour acheter plein de timbres. Au début du mois d'octobre, Marie-Andrée a constaté que presque tout le monde de la classe avait interrompu sa correspondance avec les élèves de Marie-Claude. Ça faisait deux semaines que Carl avait abandonné l'idée de joindre une lettre dans l'enveloppe que je postais sur une base hebdomadaire à Léonie. Puis, fin octobre, elle nous a interrogés une fois de plus. Des vingt-sept élèves de Marie-Andrée et des vingt-six de Marie-Claude, il n'y avait plus que Léonie et moi qui continuions de nous échanger des lettres. Notre professeure était touchée par notre persistance, alors qu'elle allumait subitement : « Mais j'avais même pas réalisé ! Léon et Léonie ! Mais vous êtes faits pour vous entendre ! »

Elle a raison. Léonie et moi, on est clairement faits pour s'entendre.

2

Je reçois une lettre de Léonie. Alors ma vie s'épanouit.

10 novembre, dans la splendide ville de Lévis !

Cher Léon !

Mes parents vont divorcer, bazwel ! Ma mère va retourner vivre en France ! Je ne suis même pas surprise ! Je peux même dire que j'attendais ce moment ! Je t'explique : mes parents ne se sont jamais réellement aimés. Je n'ai jamais vu un soupçon d'amour entre eux ! Du désir, ça oui ! Mais jamais d'amour ! Mon père a longtemps essayé, pourtant. Des gestes simples et reconnus aux yeux de tous comme des marques de tendresse traditionnelles : lui tenir la main, lui acheter des fleurs, l'appeler « ma chérie », lui bécoter le cou en public. Tu vois le genre ? Mais ma mère se bornait systématiquement à lui refuser son amour ! Elle se remettait toujours la main dans la poche, elle jetait les fleurs, elle ne lui répondait pas quand elle entendait le mot « chérie » et elle bloquait farouchement l'accès à son cou.

Elle préférait me destiner en entier sa réserve d'amour. D'ailleurs, je dois admettre que de l'amour, je n'en ai jamais manqué ! Ni de mon père, ni de ma mère !

J'ai longtemps ignoré pourquoi ils ont passé quinze ans de leur vie ensemble, dans de telles circonstances. J'ai appris récemment les deux raisons qui les ont poussés à maintenir cette vie de couple privée d'amour. C'est hier que ma mère m'a tout avoué. Elle a été limpide et directe, comme toujours !

« Ma belle grande fille, tu sais pourquoi on est restés ensemble pendant quinze ans, ton père et moi ? C'était pour toi. Nous voulions te garder collectivement, sans partage. T'avoir avec nous à plein temps. Je n'aurais pas accepté de t'avoir en garde partagée. Et l'autre raison, c'était le sexe ! Ton père me faisait des trucs incroyables ! »

Je n'ai été ni surprise ni choquée, je te le jure, Léon ! Depuis longtemps, je me doutais de cette connexion sexuelle entre eux. C'était dans les cris de ma mère, à peine étouffés ! Dans le sourire béat de mon père que je croisais la nuit, parfois, quand on se retrouvait au petit coin. Cette complicité érotique aurait pu me gêner, mais ce n'était pas le cas. Au contraire, j'ai toujours aimé imaginer mes parents en pleins ébats amoureux. Raccorder les cris de ma mère à ce qui se passait dans cette chambre à coucher. J'aimais concevoir la façon dont ils s'embrassaient, se tiraient l'un à l'autre. La mesure de leurs caresses. Tu vois ce que je veux dire ? L'intensité et la fougue de leur emboîtement. Leur tendresse que je soupçonnais d'être pornographique!

Il faut dire que mes parents étaient prédestinés à avoir une vie sexuelle épanouie! Ils se sont connus de manière foudroyante et insolite! Un cas de rubrique de journal, je te jure! C'était déjà sauvage, presque sexuel! Ils voyageaient par-dessus l'Atlantique quand leur avion a connu de graves ennuis! Les toboggans se sont déployés! Mon père, un jeune Québécois de 17 ans, a sauté parmi les premiers! Ma mère, une Française de 24 ans, lui est littéralement tombée dans les bras! Il paraît qu'ils sont restés soudés ainsi jusqu'à l'arrivée des hélicoptères! C'est ça que mes parents m'ont toujours raconté. Hier, ma mère en a rajouté!

«Je sentais l'érection de ton père. Disons que je n'avais pas très envie de me décoller de lui. Hihihi!»

Bazwel. Ma mère, comme toujours, m'en a dit plus que le client (moi) en demandait. Mais il m'en faut heureusement plus pour m'offusquer! Elle m'a appris que leur plus grande passion, à papa et elle, hormis mon existence, a longtemps été de faire l'amour à des endroits inusités! Pendant toute mon enfance, leurs endroits favoris auraient été la cuisine et le salon, des lieux où je pouvais survenir n'importe quand! La notion du risque, pour eux, était importante, semble-t-il! Puis j'aurais grandi et je n'aurais plus représenté un risque assez intéressant. Alors mes parents auraient commencé à faire l'amour dans des lieux publics! Dans les beaux parcs de Lévis, ou encore dans des stationnements d'épicerie, dès que le soleil se couchait ! Incroyable, non ! ?

«Ne pense pas qu'on se cachait dans la voiture. Non, on faisait ça vraiment dehors, à la possible vue de tous ! Mais encore là, ça ne représentait plus un risque assez élevé», que m'a dit ma mère !

Alors mes parents auraient finalement commencé à faire l'amour dans des maisons d'étrangers. Je te jure, Léon ! C'est ce que ma mère m'a dit. Encore tout récemment, la nuit, ils sortaient de chez nous et choisissaient une maison qui leur plaisait. Et ils y entraient simplement par effraction ! Jamais ils n'auraient eu à briser une vitre, ou un truc du genre. C'était du travail propre, leur affaire, que ma mère m'a assuré. Ni vu ni connu ! Ils entraient par une fenêtre entrouverte, ou une porte débarrée (les habitants de Lévis ne seraient donc pas si vigilants que ça !). Généralement, pour commettre leurs ébats, ils jetaient leur dévolu sur la cuisine ou le salon. Et ils repartaient comme si de rien n'était, leur goût du risque rassasié ! Bazwel ! C'est sidérant, non !?

Je me doute bien que tu ne me croiras pas, mais je te jure que jamais, pas une seule fois, mes parents n'ont été pris sur l'entrefaite ! Ma mère me l'a assuré. Et je la crois. Ils doivent avoir tous deux une bonne étoile, j'imagine !

Ma mère a attendu tout ce temps pour me raconter ça. Ça m'a donné tout un coup, mettons ! Là, je dois digérer deux informations importantes à la fois : la sexualité particulière de mes parents et leur divorce prochain !

Ouin. C'est pas banal, hein!?

Ma mère va nous laisser, mon père et moi. Elle va repartir bientôt dans sa jolie France. Elle retourne à Nantes, sa ville natale. Mon père a commencé à avoir des problèmes érectiles, qu'a fini par me confier ma mère! C'est surtout pour ça qu'elle le quitte, selon moi. Ça, et parce qu'elle a rencontré un autre homme à Lévis. Maintenant que je suis élevée, elle a choisi de refaire sa vie là-bas, à Nantes, avec un homme qu'elle aime et qui a des érections solides! Un Québécois de seulement 24 ans et qui est prêt à vivre en France. Je lui souhaite d'être fait fort, parce que ma mère, c'est tout un numéro!

Voilà, Léon! C'était une simple journée de plus dans la vie rocambolesque de Léonie Beaulieu!

Je t'embrasse!

Léonie!
XXX

Ouf.

Je suis gavé de rafraîchissants points d'exclamation. Je passe le doigt sur son écriture enthousiaste. Je suis contaminé; je souris niaisement.

Je replie la lettre et la glisse dans son enveloppe. Je pense à mes parents, Bruno et Nathalie. Je ne peux pas les imaginer en train de faire l'amour. Je peux encore moins les imaginer faire l'amour par effraction dans la maison de nos voisins!

Ma mère vient cogner à ma porte. Elle ouvre.

— Le souper va être prêt, Léon. Fais-nous donc pas attendre pour rien, OK?

Elle va pour retourner à la cuisine. Je la retiens.

— Maman, comment t'as rencontré papa?

— T'es sérieux? Pourquoi tu veux savoir ça?

— Comme ça. Je me demandais.

— Bah, c'est pas une histoire renversante. Bruno a aimé mon sourire. Il m'a écrit une lettre pour me le dire.

— Papa écrivait des lettres?

— C'était une toute petite lettre. Et si ça se trouve, c'était peut-être sa première et sa dernière. Il l'a déposée sur mon pupitre, dans un cours de français. C'était bourré de fautes, mais je dois admettre que ça m'a charmée pas mal.

— Vous étiez au cégep, comme Antoine?

— Non. Papa est pas allé au cégep.

— Ah, c'est vrai.

— On s'est connus au tout début de notre cinquième secondaire.

— Vous étiez plus jeunes qu'Antoine?!

— Eh oui!

— Et vous avez toujours été ensemble depuis ce jour-là?

— Oui, toujours. Je t'avais prévenu que c'est pas une histoire renversante. C'est tout, Columbo? Parce que je veux pas que le pâté chinois colle dans le four...

— C'est tout, merci. J'en ai fini avec vous, madame. Vous pouvez disposer et surveiller votre pâté chinois.

C'est tout, oui.

Je pense aux parents de Léonie. Mon sourire se rembrunit un peu.

Léon Renaud, votre vie est tellement banale.

3

C'est un autre week-end d'automne. Un de plus, dans la vie de Léon Renaud. Dehors, les arbres finissent de perdre tout ce qu'ils ont à perdre. Ça tombe depuis ce matin et ça me rend triste. En fait, l'automne, ça me rend nostalgique. Mais nostalgique de je ne sais pas quoi.

Je n'ai rien à faire. Je me gratte la tête avec le bouchon d'un stylo et regarde tomber des pellicules avec déception. Ça me fait penser à l'hiver qui s'en vient sous peu. Il va se mettre à neiger, comme moi. De petites peaux mortes neigent de ma tête et tombent sur mon bureau de travail. C'est un bureau de bois teint en noir, donc on voit parfaitement bien mes mille pellicules blanches, pareilles à des flocons. Mais des flocons qui ne fondent pas. Des flocons permanents, qui envahissent entièrement mon bureau. Tout ça provient de ma tête à moi. Je continue à me racler le fond de la tête avec le stylo en me disant que je finirai bien de neiger. Qu'il doit bien y avoir une fin à toutes ces pellicules que j'ai en horreur. La neige, elle, elle cesse, à un moment donné. Ma tête ne semble pas comprendre que ça doit finir un jour. Je produis des pellicules à l'infini. C'est désespérant, vraiment.

Depuis quelques mois, je vis un petit drame privé : j'ai la tête pleine de pellicules et je suis incapable de m'en débarrasser. Bon, évidemment, on a vu pire comme drame privé. Il y a des gars de mon âge à qui il manque un bras, qui sont obèses ou qui n'ont rien à manger à l'heure du dîner. Moi, mon drame, c'est d'avoir des pellicules. Juste ça. Mais c'est quand même mon drame et je le prends au sérieux. On pourrait parler d'un drame modeste. Ça me va, comme qualificatif : drame *modeste.* Mais j'insiste : pour moi, avoir la tête chargée de pellicules, c'est un drame considérable.

En éthique et culture religieuse, notre prof nous a parlé des lépreux, du temps de Jésus, dans la religion catholique. Avec les pellicules que ma tête produit en quantité industrielle, je me vois une parenté avec eux. Une filiation, si on veut. Je pense que les pellicules, c'est la nouvelle lèpre. Les lépreux, on ne les touchait pas. Je veux être touché. Je veux qu'une fille me touche un jour, oui. Alors, je porte toujours ma casquette dans la cour de récré, pour ne pas qu'on remarque ma petite lèpre contemporaine. La casquette me sauve en masquant mon désarroi capillaire.

Mais pendant les classes, c'est plus compliqué. Comment faire pour ne pas que l'on remarque les pellicules dans ma chevelure foncée, quand la casquette est strictement interdite ? Quand le port de la tuque, du chapeau ou de n'importe quoi d'autre qui se met sur une tête (sans motif religieux) est défendu ? Je ne peux quand même pas me couvrir les cheveux d'un hijab !

Eh bien, j'ai développé une tactique toute simple. Ça consiste à me rentrer la tête dans les épaules, pareil à une tortue. Je ne suis qu'une paire d'épaules. Des épaules-carapace. Je n'ai plus de tête. Je crois que peu à peu, je me déplace les vertèbres cervicales. Ça ne doit pas être une très bonne chose. Mais ça vaut mieux : personne n'a encore remarqué que j'ai des pellicules. Tout ça grâce à ma casquette de cour de récré et à ma posture de tête cassée.

Ici, dans l'intimité de ma chambre, je peux faire ce que je veux. Je déplie ma tête, je la déploie. Mon cou refait son travail de cou, en supportant bien haut ma tête. Mes vertèbres cervicales souffrent un peu et se réhabituent à vivre leur vraie vie de vertèbres cervicales.

Je passe peut-être vingt minutes comme ça, à regarder ma tête neiger. Puis j'en ai assez. Je m'active un peu. Je balaie de la main les pellicules sur mon bureau et prends la boîte à chaussures remplie des lettres de Léonie sur mon étagère. J'en relis au hasard en prenant bien soin de préserver la chronologie dans les missives reçues.

Oui : je conserve toutes les lettres de Léonie. Au début, c'était dans une boîte en métal de chocolats (une sous-copie de Cherry Blossom), mais j'ai fini par trouver que les lettres sentaient trop le sucre et la cerise. Et de toute façon, l'étroite boîte était déjà presque pleine. Il faut dire que nous sommes productifs, Léonie et moi. Depuis la rentrée, nous nous écrivons en moyenne deux lettres par semaine. Maintenant, les nombreuses lettres de ma correspondante sont minutieusement stockées dans ma boîte à chaussures et sentent un mélange de chocolat et de cuir de souliers neufs, avec un arrière-goût de cerise. C'est une odeur bizarre, mais je l'aime. Je l'associe complètement à Léonie. Je n'ai jamais senti ma correspondante (je ne l'ai jamais rencontrée, c'est pour ça), mais j'aime imaginer qu'elle sent un judicieux mélange de chocolat et de cuir. Avec un soupçon de cerise.

Je relis la lettre que j'ai reçue hier. Celle où elle me confie le divorce de ses parents et des détails concernant leur vie sexuelle. Je me sens privilégié qu'elle partage tout ça avec moi.

En plein milieu de ma lecture, je relève les yeux et croise mon reflet dans le miroir. Le sourire que j'ai sur les lèvres en dit beaucoup. Sourire béat, presque stupide. Je me mords la lèvre et me dompte à être plus sobre. À calmer ma joie. Je reprends ma lecture et, rapidement, je sens de l'intérieur que je souris de tout mon visage. C'est plus fort que moi. C'est Léonie qui me fait ça.

J'admire son écriture. Elle veut devenir romancière, alors elle s'applique à bien écrire. Les lettres qu'elle m'envoie sont une manière de s'exercer, qu'elle me dit. Elle peaufine son écriture avec moi. Je suis son cobaye. Je me sens privilégié. Moi, je ne sais pas ce que je vais faire, plus tard. Léonie trouve que je serais un bon écrivain, mais je n'en suis pas sûr. Je ne crois pas avoir ce qu'il faut. Marie-Andrée, ma professeure de français à l'origine de notre correspondance, me trouve doué, mais estime que j'abuse des adjectifs et des adverbes. S'il y a tant d'adjectifs et d'adverbes dans la langue française, c'est certainement pour les utiliser ! Léonie, elle, abuse des points d'exclamation, mais moi, je trouve ça infiniment charmant. En la lisant, j'ai toujours l'impression d'entendre son ton enjoué.

Lorsque j'écris à Léonie, je me force plus que jamais à bien écrire et me fous totalement d'abuser des adjectifs et des adverbes. Je me trouve des images fortes, des comparaisons surprenantes. Dans les dictionnaires de mon frère, je déniche des synonymes que je n'utilise jamais dans la vie courante. Et ça fonctionne. Ça ne me ressemble pas tout à fait. En fait, si : c'est moi, mais en mieux. Et très souvent,

Léonie salue mon écriture. J'aime savoir qu'elle me trouve talentueux. Ça me donne un petit quelque chose de particulier.

Ça me pique. Je me gratte spontanément la tête. Des pellicules tombent sur la lettre de Léonie. Je réagis comme si j'avais fait tomber un pot de miel liquide : je me rue sur la feuille et la secoue vivement. Je renifle la lettre. Chocolat, cuir et soupçon de cerise. L'odeur de Léonie demeure intacte. Fiou.

4

Je me rends au bureau de poste. Je viens de terminer ma lettre. J'ai l'impression de n'avoir écrit que des banalités. À côté de celle de Léonie, ma vie est d'un ennui mortel. Mes parents ne se disputent pas plus qu'il ne faut. Ils font l'amour silencieusement, ou pas du tout. En fait, je l'ignore (et c'est très bien ainsi). Ils se sont simplement rencontrés à l'école et non dans un crash d'avion. Alors c'est dur de me trouver passionnant dans ce que j'ai à lui raconter. «Les vies calmes ne font pas de bonnes histoires.» C'est notre prof Marie-Andrée qui nous a sorti ça, l'autre jour, en classe. Elle a raison. Mon histoire personnelle ne ferait pas une bonne histoire.

Sur l'enveloppe, j'ai bien écrit Lévis, et non Lévi's. Parmi les premières lettres que je lui ai postées, je me suis trompé à trois reprises. Maintenant, je veille à ne mettre aucune apostrophe.

Lévis, c'est sur la rive sud de Québec. C'est là que vit Léonie. Quand j'ai su le nom de sa ville, j'ai spontanément cru que c'était là qu'on fabriquait les jeans Levi's. J'ai une paire de jeans Levi's, alors j'étais heureux de partager ça avec elle. Mais il paraît qu'il n'y a aucun rapport entre les jeans et la ville. C'est Antoine qui m'a dit ça, en prenant bien soin de rire de ma naïveté. J'ai retiré l'information de ma lettre. Quel intérêt ça représente pour une fille de la rive sud de Québec de connaître la marque de mon jeans?

Je tiens fermement mon enveloppe cachetée, car l'échapper dans la fente d'un égout, ça serait moi tout craché. Je marche d'un bon pas, les sens en alerte. Je suis du genre à éviter toujours un peu trop tard les cacas de chiens semés sur les trottoirs de Saint-Rémi. La malchance ordinaire, ça me connaît. Je dis *ordinaire*, car on a tendance à tout grossir, dans les films. Je ne ressemble pas à un typique gars malchanceux de film américain, avec une vie marquée par le mauvais sort. Oui, je peux en avoir le profil (je porte de très discrètes lunettes et je n'ai rien de flamboyant dans la façon que j'ai de m'habiller), mais moi, je suis simplement ordinairement malchanceux. Du genre à marcher dans le seul caca de chien oublié sur l'asphalte, ou à échapper sa lettre entre les lattes d'une bouche d'égout. Alors je m'oblige à être vigilant.

À l'intersection de deux rues, j'attends le feu vert. Une vieille dame toute fripée arrive avec des paquets. Elle est minuscule et toute voûtée.

Je la vois regarder le feu rouge avec dédain et jauger le temps qu'elle mettra à traverser avant qu'une voiture ne la renverse. Et la voilà qui traverse, malgré le feu rouge. Quelle grand-mère insolente ! Irrésistiblement insolente ! La vieille dame voûtée enfreint allègrement la loi devant moi, un gars de quinze ans qui patiente calmement à l'intersection, comme un stupide citoyen civilisé. Je l'envie de contrevenir aux lois comme ça. De s'arroger la permission de traverser.

De l'autre côté de la rue, essoufflée et ratoureuse, elle se retourne et me sourit. Mais ce n'est pas un sourire standard de grand-mère. Il n'est pas précisément doux et avenant. Non, c'est un sourire narquois. Un sourire de « je suis peut-être vieille, mais j'en impose plus que toi ! ». Je suis la risée d'une vieille petite madame fripée. Je suis bien peu de chose.

Pourtant, j'aime marcher vite dans les rues de ma ville. Je ne suis absolument pas un contemplatif, comme maman. Marcher avec ma mère, c'est long longtemps. Il faut toujours s'arrêter pour qu'elle caresse la végétation, les animaux, la brique des belles maisons. Quand je suis seul, je marche deux fois plus vite. Et ça ne veut pas dire que je suis un sans-cœur, comme elle aime me le répéter lorsque je soupire devant ses effusions de joie qui l'amènent à caresser un pissenlit autant qu'une jonquille. Mais je ne suis tout simplement pas porté vers la nature extérieure. J'aime plus la nature humaine. Les choses cachées en nous. C'est tout. J'ai bon cœur. Je suis sûr de ça. Même si je souhaite secrètement que la vieille grand-mère qui s'est moquée de moi tombe dans une bouche d'égout.

5

À part moi, dans la famille, il n'y a que mon frère qui s'intéresse à la littérature (ma mère lit de temps en temps, mais que des magazines à potins, genre le *7 jours* ou *Échos Vedettes*). Antoine a toute une collection de gros dictionnaires pesants. Il accepte toujours de me les passer. Il est cool pour ça. Je crois qu'il est heureux de voir que son petit frère s'intéresse à autre chose qu'aux jeux vidéo et aux *Simpson* (que j'aime beaucoup, soit dit en passant). Il sent que je change depuis quelque temps. Que je m'ouvre aux arts, petit à petit. Et il aime ça. J'imagine qu'il doit voir en moi un nouvel allié.

J'aime entrer dans sa chambre quand il n'est pas là. Tout est rangé avec méthode et précision. Les livres y sont classés en ordre alphabétique par noms d'auteur, et les boîtiers de DVD par noms de réalisateurs. Objectivement, c'est une pièce plutôt impersonnelle. C'est fascinant. Si je ne le connaissais pas, je ne pourrais pas dire si c'est la chambre d'un garçon ou d'une fille. Les couleurs sont sobres et anonymes. Des couleurs asexuées, si on veut. Il n'y a aucune affiche punaisée aux murs. Aucun indice, sinon les vêtements, bien pliés dans les tiroirs, bien cordés dans la penderie. Ma chambre à moi ne laisse aucun doute sur mon identité sexuelle. Je suis un cliché d'ado nouvellement pubère avec tout ce que ça implique : sol jonché de vêtements essentiellement sales (indissociables des propres, d'ailleurs), odeur ambiante pas nette, murs bleus garnis de photos d'amis dans un chalet l'été passé, une affiche de Bart Simpson montrant ses fesses, une d'Homer Simpson ivre mort avec une cannette de *Duff Beer* sur son ventre rebondi, et une autre, laminée celle-là, de l'actrice américaine Megan Fox. C'est un cadeau d'une tante qui a du goût, car elle est rudement photogénique, cette Fox. Je lui ai donc réservé une place de choix sur mes murs. Antoine a ri quand j'ai posé l'affiche. Il ne connaissait pas Megan Fox. Ni d'Ève ni d'Adam, qu'il a dit. Il faut dire que mon frère est un peu déconnecté. Mais je dis ça sans méchanceté. Mon frère, je le trouve sympathiquement déconnecté.

Antoine est un cas unique. Son écriture est totalement droite comme un piquet, pourtant il vit dans le passé. Beaucoup plus que moi. Il passe ses jours de congé à regarder de vieux films français. Il regarde en boucle *À bout de souffle* de Jean-Luc Godard, *Lola* de

Jacques Demy, *Cléo de 5 à 7* d'Agnès Varda, *Le beau Serge* de Claude Chabrol, *Hiroshima mon amour* d'Alain Resnais et surtout *Jules et Jim* de François Truffaut. Je lui ai demandé si les réalisateurs de ces films étaient encore en vie. Eh bien, la moitié non. Ils sont presque tous morts ou sur le bord de mourir. J'ai donc établi cette maxime : pour que mon frère aime un film, il faut que son réalisateur soit mort ou pas fort.

Il voue un véritable culte au cinéma de la Nouvelle Vague (c'est ainsi que se nomme le courant cinématographique qui regroupe les films mentionnés plus haut). J'aime me moquer de lui en lui faisant remarquer que sa Nouvelle Vague n'est pas très très nouvelle. Il me semble que ça devrait plutôt s'appeler l'*Ancienne Vague.* Ce sont surtout des films en noir et blanc, ou des couleurs un peu ternes, et tout ce qui se passe est très lent. C'est chargé de silences et, par moments, ça joue faux. Antoine n'est pas de mon avis. Il dit que je ne peux pas comprendre parce que je ne suis pas Français et que je n'ai pas vécu dans les années 50 et 60 (tous les films mentionnés plus haut ont été tournés au tournant des années 60). Je lui signale alors qu'il est Québécois autant que moi et que jusqu'à preuve du contraire, il a dix-huit ans et non soixante-huit (l'âge de la vieillesse pour moi). Il ne réplique rien. Ça le bouche pas mal.

Aujourd'hui, c'est *Les quatre cents coups* de François Truffaut qu'il regarde. Un film avec des gars à peine plus jeunes que moi qui font des bêtises. Des fugues, des vols, tout y passe. À côté d'eux, ma relation avec ma Megan Fox laminée est celle d'un enfant de chœur.

— Il est mort, lui ?

— Qui, lui ?

— Celui qui a réalisé ce film-là.

— C'est Truffaut.

— Ah, c'est lui !

Je ne vois pas du tout qui c'est.

— Il est mort en 1984. Avant même que je vienne au monde.

— Oh. Ça fait longtemps. Je peux t'emprunter ton gros dictionnaire ?

— Ouin. Le petit frère va devenir un vrai petit Balzac, si ça continue.

— Balzaqui ?

— Laisse faire.

Je vais dans la chambre d'Antoine et emprunte son plus gros dictionnaire pour me faire des bras et un esprit solides. Depuis près d'un mois, j'apprends un nouveau mot par jour et je le retiens pendant que je fais des flexions de bras avec le dictionnaire dans la main, pour grossir mes biceps. Utiliser le dictionnaire à la fois comme haltère et outil d'apprentissage : je crois que c'est l'application parfaite du dicton *Un esprit sain dans un corps sain.*

La jaquette du dictionnaire devient un peu molle à force de l'utiliser comme ça. J'espère qu'Antoine ne remarquera pas l'utilisation que j'en fais. Il serait déçu de moi. Il comprendrait que je suis un Balzac de pacotille. Peu importe qui est ce Balzaqui.

6

— Kate Moss m'a encore dit que je ressemblais à l'acteur qui joue le loup-garou dans *Twilight.* Tu trouves pas ?

Kate Moss, c'est Katy Mossalim. Mais presque tout le monde l'appelle Kate Moss. Derrière son dos comme devant. Il faut dire que ce n'est pas un surnom très méchant. On a vu plus cruel que se faire comparer à un mannequin.

Carl se regarde devant le miroir de sa chambre. Il est torse nu et il lève des haltères. Des vrais, en métal, avec de vrais poids aux extrémités. Pas des dictionnaires. Mon ami est plus crédible que moi. Et bien plus beau aussi. D'ailleurs, c'est vrai qu'il ressemble à cet acteur.

— Je sais pas, j'ai vu aucun des films de la série. Toi, oui ?

— J'ai vu le 2 ou le 3, je suis pus sûr. Je voulais voir si c'était vrai qu'il me ressemblait.

— Pis ? Tu y ressembles ?

— Je suis plus beau que lui, je trouve.

Et il se met à rire comme un con. Il mime une plaisanterie, mais je sens qu'il se croit réellement plus beau que le loup-garou. Il a raison. Il ressemble à l'acteur, mais en moins plastique. En plus vrai.

— Pis t'as aimé le film? que je demande pour valider mon sentiment.

— Bof. Non. Regarde-le pas, tu vas perdre ton temps, *man*. C'est un truc de filles.

Trop tard. J'ai regardé *Twilight 1* avec ma mère et mon père. Ils ont aimé ça. Pas moi. J'ai trouvé ça ennuyant. Antoine, lui, a ri de nous, naturellement. Que le reste de la famille s'abaisse à regarder ce genre d'inepties, ça le dépasse, qu'il dit.

Pendant tout le film, je pensais seulement à Carl. C'est fou comme il ressemble à cet acteur américain. La nature a été bonne pour lui. Il a seize ans (il a redoublé... sa deuxième année du primaire!), mais en paraît au moins dix-huit, comme Antoine. Il a le teint hâlé naturellement (il dit qu'il a des origines mexicaines, mais je ne vois pas qui, honnêtement, parce que ses deux parents sont blancs comme moi), il a la mâchoire carrée (tout comme ses épaules, d'ailleurs) et il a les cheveux fins, sans la moindre trace de pellicules (il n'y a aucune justice ici-bas). Et comme si ce n'était pas assez, c'est un athlète. Il a fait sept ans de karaté, trois ans de taekwondo (merci au dictionnaire à Antoine pour l'orthographe exacte), deux ans de gymnastique, et il vient de se mettre à la capoeira, un art martial afro-brésilien. Il est vraiment impressionnant. Il fait le grand écart, la split, la roue à une main et il peut marcher tout un kilomètre sur les mains sans s'évanouir.

Je ne fais rien de tout ça, évidemment. En sixième année, j'ai essayé de faire un équilibre comme lui, pendant la récré, et je me suis solidement cogné la tête. Je me suis assommé, mais j'ai gagné son amitié. Ça l'a fait rire. Et Carl adore rire. Il passe son temps à me valoriser en disant que je suis drôle. Je ne vois pas ce que j'ai de drôle, mais je suis heureux qu'on soit potes, lui et moi. Alors je joue le rôle du pitre. Ça me va, moi.

— Léonie pis toi, ça marche toujours, *man*?

— Qu'est-ce que tu veux savoir, au juste?

— Ben, vous vous écrivez encore?

— Oui. Elle m'a écrit vendredi.

— Qu'est-ce qu'elle raconte?

— Rien de précis.

Je ne veux pas la trahir, alors je ne parle pas du futur divorce de ses parents. En fait, elle ne m'a pas dit de garder ça pour moi, mais j'aime l'idée de partager un secret avec elle.

— Je viens de lui poster une lettre. Tu regrettes pas d'avoir arrêté d'y écrire?

— Non, *man*. C'est pas mon genre, les lettres. De toute façon, on est amis Facebook. On peut s'écrire là, ça va plus vite.

— Vous vous écrivez beaucoup?

— Bof. Ça ressemble plus à des « Heille ! Ça va toi ? / Ça va, ça va. » C'est pas de la grande littérature, mettons.

— On est loin de Balzac.

J'ai fait des recherches, dans le dictionnaire des noms propres d'Antoine.

— Balzaqui ?

— Laisse faire.

— Heille, d'ailleurs, elle aussi, elle m'a passé un commentaire comme quoi je ressemblais à l'acteur américain.

— Ah.

— Le loup-garou...

— Oui, oui, je vois c'est qui. Cool.

Quelque chose se fissure en moi. C'est minime, mais c'est douloureux. Que Kate Moss trouve Carl sexy me va très bien, mais que Léonie soit de cet avis, c'est plus dur pour moi.

— Heille, *man*, t'as vu sa nouvelle photo de profil sur Facebook ?

— Non.

C'est faux ; je l'ai vue. Je l'ai même copiée sur ma clef USB et l'ai fait imprimer six fois à l'école. J'ai collé les photocopies à l'intérieur de mon cartable de français, mon cartable de maths, mon cartable d'anglais et mon cartable d'éthique et culture religieuse. J'en ai collé une au fond de ma case (c'est plus subtil, quand c'est au fond) et j'en garde une dans ma chambre, que j'entrepose dans la boîte à chaussures des lettres de Léonie.

— *Man,* c'est quelque chose, cette fille-là.

— C'est sûr.

C'est comme si mon ami savait que ça fissurait quelque chose en moi. Alors il se met à banaliser.

— Mais Kate Moss est plus mon genre. Tu trouves pas qu'elle ressemble à Megan Fox?

— Peut-être un peu. Ouin. Il me semble que t'irais bien avec elle.

Carl sourit et c'est comme si ses dents étaient l'effigie d'une pub de dentifrice et que lui-même était l'égérie unique de Crest ou de Colgate. C'est ça, *man,* laisse-moi Léonie.

7

Ce matin, je me prends pour un graphologue. À titre informatif, un graphologue, c'est une personne qui étudie la personnalité des gens par leur écriture. Je fouille parmi de vieilles notes manuscrites des membres de ma famille. C'est permis : le tout est dans le bac à recyclage.

Avec mon livre sur l'étude de la graphie, je passe l'avant-midi à analyser leur écriture. Quand ma mère, Nathalie, écrit sur du papier qui n'est pas ligné, elle a une calligraphie montante. Ça signifierait que ma mère a un élan optimiste et qu'elle a de l'ambition. J'accorde l'optimisme (ma mère est presque toujours de bonne humeur), mais pour l'ambition, j'ai un doute. Ma mère est heureuse en étant concessionnaire de voitures chez Ford et je ne crois pas du tout qu'elle espère gravir les échelons. Elle dit toujours que son poste lui convient. Je crois que son ambition était d'avoir un mari et deux enfants en santé, et elle a réussi sur toute la ligne ! Son écriture est aussi annelée, ce qui veut dire qu'elle est constituée de petites boucles en forme d'anneaux. Et ça, ça signifierait que ma mère a des habiletés dans les relations. Ce qui est absolument vrai. L'arrondi de ses lettres évoque à merveille la douceur de ma mère. Ses « g » amples, par contre, sont du type lasso, ce qu'on associerait à un vif désir de plaire. Alors ma mère serait une charmeuse ? Tiens, tiens… Intéressant. Quand j'ai analysé les lettres de Léonie, récemment, j'ai aussi remarqué des « j » et des « g » du type lasso, encore plus que ceux de ma mère. Léonie chercherait donc elle aussi à plaire…

Mon père, Bruno, lui, a une écriture moins particulière. Pas d'inclinaison spéciale, pas de fioritures, pas grand-chose de notable. J'ai plus de difficulté à l'analyser. Je trouve toutefois dans mon livre une légère définition de l'écriture simple. Elle symboliserait quelqu'un d'équilibré et de naturel. Ça colle très bien à mon père, ça.

Et finalement, mon frère. C'est curieux. Car bien qu'Antoine aime regarder des films du passé, son écriture n'est pas renversée. Non. Elle est ancrée dans le moment présent. Il jette un peu à terre la théorie de mon livre. Mais je ne suis pas surpris, mon frère fait tout à sa manière. C'est un « électron libre », que dit ma mère. Il vit à l'envers du monde, comme ça lui chante. Je lui envie beaucoup ça. J'envie sa liberté.

Je note toutefois que son écriture est plutôt anguleuse, ce qui serait le présage d'un sens de la discipline, toujours selon mon livre. À ce sujet, on ne peut pas dire plus vrai ! Antoine est l'archétype de la discipline. Il se lève tôt, il étudie beaucoup, il est toujours performant et il semble tout le temps propre.

Mon frère sent toujours les fruits frais. J'aime son odeur. C'est con, mais j'en suis un peu jaloux. Dernièrement, je lui ai demandé s'il se parfumait, en faisant semblant de rire de lui. Il s'est mis sous un mode défensif et a prétexté que c'était son shampooing. Fructis que ça s'appelle. Je le crois. Alors mon frère sent le bon shampooing, comme une fille.

Je délaisse mon étude de graphologie et vais prendre une douche. Je me lave les cheveux avec le shampooing familial. C'est une grosse bouteille de marque bâtarde, sans finesse. Le format économique, bien sûr. J'ouvre la bouteille de Fructis, le shampooing d'Antoine, et hume. Ça sent tellement bon. J'ai envie de m'en mettre partout sur le corps et d'en avaler une rasade. J'en mets un tout petit peu dans ma paume, pour ne pas qu'Antoine s'en aperçoive. Je savonne longuement mes cheveux. Puis, au sortir de la douche, je me les sèche à la serviette et tire sur mon toupet, pour qu'il se rende à mon nez. L'odeur est encore là, subtile. Une vague odeur de fruits, nettement moins forte que dans la chevelure de mon frère. Si j'avais le toupet plus long, je crois que je mordrais dedans pour goûter les fruits.

Je crois que ce qui me distingue des autres ados, outre mes pellicules et mon goût pour la graphologie, c'est que je prends des douches plutôt rapides. Je n'aime pas me masturber sous la douche. Je l'ai fait une seule fois et je me suis senti terriblement coupable de gaspiller tant d'eau. Je ne me masturbe pas si vite que ça. J'aime prendre mon temps. Il vaut mieux faire ça dans son lit et y mettre le temps que ça prend. Au début, j'essuyais les dégâts avec des Kleenex. Maintenant, je prends une chaussette que je ne mets plus. Une chaussette avec un petit trou au bout. Pas une fois mon sperme n'a jailli de ce petit trou, mais chaque fois, ça me fait rire. Tout d'un coup que ça arrive. Ce serait drôle. La chaussette, je la lave chaque jour et la fais sécher sur un cintre, dans ma penderie. Je trouve que mes masturbations sont écologiques. Je ne gaspille pas d'eau pour ça et épargne mes papiers mouchoirs. C'est tout à mon honneur, il me semble.

Je le dis tout de go : la masturbation fait partie de ma vie. De même que Carl, Léonie, ma famille, *Les Simpson*, les dictionnaires d'Antoine, l'école et Megan Fox font partie de ma vie. Alors j'en parle. Ça aussi, c'est tout à mon honneur.

En tout cas, je trouve.

8

18 novembre, toujours Lévis

Mon cher Léon !

Détrompe-toi !

Bazwel que je n'ai rien d'exceptionnel ! Je suis comme les autres adolescentes : je faiblis devant les acteurs américains au corps noueux et au sourire calculé ! Ou plutôt, j'étais comme ça. Car tout ça a changé la nuit passée ! Je viens fraîchement de me libérer de tout ça ! J'ai catégoriquement renoncé à trouver beaux les acteurs de Twilight *! Tu t'en doutes : nous, les filles de mon âge, nous sommes brainwashées. Oui, monsieur ! Nous sommes toutes conditionnées à trouver Robert Pattinson et Taylor Lautner séduisants, même s'ils ont autant de personnalité qu'une fougère ! Eh bien, crois-moi, crois-moi pas, la nuit passée, je me suis déconditionnée ! Je t'explique.*

J'avais mangé du concombre avant d'aller au lit. Je ne sais pas trop pourquoi, mais j'avais le goût de ça ! Généralement, c'est des rages de chocolat. Hier soir, c'était une rage de concombre ! Avec un peu de sel, parce que sinon, c'est plate rare ! Le problème, c'est que le concombre, c'est un légume qui me fait roter. C'est dur à digérer! C'est la faute de mon estomac capricieux. Je tiens ça de ma mère, les concombres durs sur l'estomac. Dans ma famille, les problèmes de digestion se passent de mère en fille. Et – ô surprise – je suis une fille! Donc, je digère mal! J'avais donc passé mon début de nuit à digérer mon concombre. J'étais incapable de trouver le sommeil.

Comme je ne dormais pas et que je rotais dans le creux de mon oreiller, j'avais tout mon temps pour rêvasser. Je me suis mise à penser à Taylor Lautner. Honnêtement, j'ai jamais aimé Twilight. *Je n'aime pas les vampires! Mais Taylor, lui, il joue pas un vampire! Il joue un loup-garou! Et c'est dur à avouer, mais moi, un loup-garou, je trouve ça sexy! Je pensais à son joli corps tout en muscles quand je me suis mise à pousser un rot plus violent pour célébrer le désir que j'éprouve pour Taylor!*

— C'est pas féminin, une fille qui rote!

Quoi ? Qui m'avait parlé ? Je me suis retournée et j'ai vu Taylor, dans mon dos. Je capotais! Je dormais en cuiller avec Taylor Lautner sans m'en rendre compte! Je t'assure, Léon! Il était là, dans mon lit, tout à fait torse nu! J'ai, je crois, échappé un petit soupir d'adolescente! J'ai le droit, c'est de mon âge!

— Taylor…

— C'est pas féminin, une fille qui rote!

— Euh, OK, mais c'est que j'ai mangé du concombre.

— Tu devrais pas. Si t'as des problèmes de digestion, tu devrais bannir les concombres.

— J'avais envie de manger ça.

— Peut-être, mais dans la vie, on fait pas toujours ce que l'on veut. Moi, je fais attention à moi. J'aurais pas ce corps de dieu si je m'entraînais pas et si je mangeais tout ce que je veux.

— Euh, allo ? J'ai mangé du concombre. Je me suis pas empiffrée avec des chips ou des cochonneries.

— Peut-être, mais le concombre, ça te fait roter et c'est pas féminin.

— OK... Mais qui c'est que ça dérange ? Je dors toute seule.

— Pas ce soir. Je suis là. Avec toi. Et que tu rotes, ça me gêne.

— Mais ça te regarde pas, bazwel ! T'es mon fantasme d'adolescente ! T'es supposé être cool ! Correspondre à l'image que je me fais de toi. C'est-à-dire un gars ouvert, drôle, beau et tolérant...

— Peut-être, mais n'empêche que c'est pas féminin, une fille qui rote !

— Bon, bazwel, j'en ai assez. Sors de mon lit.

— Quoi ?

— Sors de mon lit, j'ai dit ! Ou je crie à l'aide. Mon père joue au baseball. Il va prendre son bâton pour te chasser, je te le garantis ! Et il hésitera pas à faire autre chose avec !

— Mais je suis ton fantasme d'adolescente ! Tu peux pas me faire ça !

— Certain que je peux !

— Je te crois pas. Regarde mes beaux muscles. Regarde mon teint basané.

— PAPAAAAAA ! ! !

Et il a déguerpi. Il a sauté par la fenêtre, comme dans un film ! C'est fabuleux, Léon : j'ai chassé de mon lit – et de ma vie – mon stupide fantasme d'adolescente !

D'accord, c'est peut-être les concombres qui m'ont fait halluciner. C'est possible. C'était un vieux concombre, je pense. Ma mère jette rarement les aliments périmés du frigo. Elle ne croit pas réellement que les intoxications alimentaires, ça existe. Mais l'important, c'est que je me suis émancipée de mon rôle d'adolescente idiote et transie d'amour pour un acteur inaccessible qui se fout éperdument de moi, jeune habitante de Lévis à peine plus jolie que la moyenne !

Alors, voilà, Léon ! Je ne suis plus la même fille depuis hier ! Je suis en voie de devenir exceptionnelle ! Je voulais te prévenir ! En une nuit, je me suis libérée de tous les acteurs américains sexy sur lesquels on nous force à fantasmer dans tous les magazines de filles !

Es-tu fier de moi, rien qu'un peu ?

La nouvelle Léonie déconditionnée
XXX

P.-S. : J'en ai assez de m'habiller comme les autres filles de l'école. J'ai décidé de prendre des cours de couture le plus tôt possible ! Je vais fabriquer mes propres vêtements ! Qu'en penses-tu ?

C'est confirmé : j'ai affaire à une correspondante exceptionnelle. Cette fille-là est capable d'apprécier la vraie beauté.

Je prends une feuille mobile pour rédiger le brouillon de ma lettre. Quand Léonie m'écrit, elle ne semble jamais se censurer. Elle semble écrire tout ce qui lui vient à l'esprit. Ça donne de belles lettres uniques. Les miennes sont toujours convenues. Alors j'essaie quelque chose de nouveau : ne pas me censurer, moi aussi.

J'aime les grands-mères qui traversent la rue à l'intersection malgré la lumière rouge, quand il n'y a pas de voitures en vue. Celles qui attendent le feu vert pour emboîter le pas, je les trouve tristes. J'aime la rébellion chez les vieilles personnes.

Puis je biffe. Non, je ne vais pas écrire ça. Ça fait condescendant pour les vieilles personnes qui respectent le code de la route. D'ailleurs, je suis de ce lot.

Je ne sais pas quoi écrire pour que Léonie me trouve exceptionnel. Même mon petit drame personnel (avoir des pellicules) n'a rien de fracassant et de très unique. C'est un drame on ne peut plus ordinaire.

Alors je m'en remets à Léonie. Je relis sa lettre près de cinq fois d'affilée.

Papa entre dans ma chambre pendant ma cinquième lecture. Il voit ma table ensevelie sous ma neige capillaire.

— C'est quoi, ça ? Des pellicules ?

— Non. Oui.

— Oh. Tu te laves les cheveux ou… ?

— Ben oui, papa, je me lave les cheveux. Votre shampooing marche pas trop avec moi, on dirait.

— Ah, les cuirs chevelus d'adolescents...

Mon père vient de faire une tentative de blague pour alléger la situation, mais je n'ai pas le cœur à rire. Je ne souris même pas.

— Je vais voir ce qu'on peut faire, Léon.

— T'es pas obligé d'en parler à maman.

— Pourquoi ?

— Je sais pas. C'est un peu gênant, il me semble.

Maman parle à tout le monde de tout et de rien. Si papa partage avec elle sa découverte, elle risque d'en parler à ses collègues de travail. Je l'entends déjà : « Heille, tout le monde, écoutez ça : mon fils a un cuir chevelu désastreux ! Si vous voyiez tout ce qu'il produit comme pellicules ! Une vraie machine à neige artificielle de cinéma ! »

— Je comprends, mon gars.

Et il semble vraiment comprendre. Je sais qu'il n'en parlera pas. Je nettoie ma table de travail et préserve la lettre de ma correspondante exceptionnelle.

Je ne récris pas tout de suite à Léonie. J'attendrai qu'il se passe quelque chose de passionnant dans ma vie. En espérant que ça arrive avant mes dix-huit ans !

9

Papa m'a acheté un shampooing spécial, ultra efficace. C'est ce qu'il a écrit sur une petite carte sous la bouteille. Il a ajouté par écrit : « C'est censé enrayer tous les pellicules de la terre. C'est un shampooing miracle, qu'on m'a dis, à la pharmacie. » J'ai remarqué les fautes de français, mais je n'ai pas voulu y porter attention. Mon père a abandonné l'école avant d'obtenir son diplôme d'études secondaires (il a lâché en cours d'année, pas longtemps après avoir rencontré ma mère, j'imagine) et travaille comme un forcené dans une usine pour payer nos futures études, à Antoine et moi (Antoine termine sa première session en cinéma dans un cégep montréalais). Alors naturellement, il n'est pas question que je le juge sur la qualité de son français.

La délicate bouteille de shampooing médicinal (Nizoral, que ça s'appelle), il l'a mise bien en évidence sur ma table de travail, dans ma chambre. Quand je suis rentré de l'école aujourd'hui, la bouteille m'attendait patiemment, comme une solution à tous mes maux. Je suis touché par le geste de mon père. C'est notre secret. Je pense que c'est le premier secret que je partage avec lui.

Je cache la bouteille parce que Carl vient ce soir. Je pense qu'il sait que j'ai des pellicules, mais il ne dit rien. Il sait que ça me mettrait mal. C'est chic de sa part de faire comme si de rien n'était.

Carl arrive pile à l'heure prévue et insiste pour qu'on passe la soirée devant la télé. Il veut absolument regarder un film diffusé au canal V. Ça s'appelle *Serpents à bord*, ou un truc ridicule comme ça. Je soupire d'ennui, mais comme je n'ai rien d'autre à proposer, je me plie à son envie. *Serpents à bord* (ou quelque chose comme ça), c'est l'histoire d'un vol d'avion qui tourne mal. Dans la soute à bagages, il y a des méchants qui ont caché des serpents. Et ce qui doit arriver arrive : au cours du vol, les serpents s'échappent de la soute et attaquent les passagers et les membres de l'équipage. Ils les mordent, et comme ce sont des serpents venimeux, il s'agit évidemment de morsures mortelles. Les personnes les plus immorales se font piquer en premier. C'est toujours comme ça. Le couple aux mœurs légères qui baise dans la cabine des toilettes meurt en premier. La gentille hôtesse de l'air qui veut sauver tout le monde, elle, s'en sort.

On s'en doute dès le début. Moi, si j'étais sur ce vol, je me demande si j'aurais été mordu parmi les derniers. C'est que je suis un gentil.

Le film se termine. Carl cale son verre de Pepsi, pousse un rot du tonnerre et décrète :

— C'est cool, *man*. Parle-moi de ça ! Une histoire comme je les aime !

Je regarde Carl du coin de l'œil. Si nous nous étions retrouvés tous les deux dans cet avion, c'est triste à dire, mais je pense qu'il serait mort avant moi. Dans les films américains, les gars qui rotent périssent toujours les premiers. Comme si la vulgarité devait être punie. Mais moi, je sais qu'au fond Carl n'est pas un gars vulgaire. Si ça se trouve, je suis aussi vulgaire que lui. Seulement, même en calant un verre de Pepsi, je suis incapable de pousser un rot.

Dans la vraie vie, je sais que c'est l'inverse qui serait arrivé. Carl-le-super-doué aurait sauvé sa peau (et celles de quelques passagers) à coups de katas sur les serpents. Il aurait évidemment tenté de sauver aussi son meilleur pote, moi. Mais étant donné ma chance légendaire, le premier serpent m'aurait mordu depuis longtemps.

Si les serpents sont comme les maringouins, ils m'auraient dévoré le premier, le sourire à la gueule. À en croire les moustiques, mon sang doit avoir quelque chose d'exquis.

Carl vole une dernière poignée de chips au ketchup et part après avoir salué mes parents en les appelant Monsieur et Madame Renaud, très très poliment, en évacuant le mot *man* de son langage. Quand je disais qu'il n'est pas vulgaire, au fond, ce Carl.

Je regarde le fond du sac : il ne reste que des miettes de chips. C'est la partie que je préfère. Je me prends un essuie-tout et verse les miettes dessus. Avec le bout de la langue, pareil à un chat qui lape son lait, je me mets à avaler les restants. J'adore faire ça. Je l'ai déjà dit : je hais le gaspillage. Et c'est peu calorique, en plus. J'imagine que toutes ces miettes regroupées doivent à peine équivaloir à une seule chips entière. Il est même très possible que je brûle plus de calories à me contorsionner de la sorte, comme un chat, que j'en gagne en avalant ces miettes. Ça, je tiens ça d'Antoine. L'autre jour, il m'a appris qu'avaler un céleri exige tellement d'énergie reliée à la mastication qu'on brûle plus de calories qu'on en gagne (le céleri étant peu calorique et constitué surtout d'eau). Ça doit être la même chose avec mes miettes de chips, non ?

Je me brosse les dents pour enlever le délicieux goût de ketchup dans le creux de mes molaires et file à ma chambre chercher le shampooing miracle Nizoral. C'est ce soir que je perds mes pellicules. C'est décidé. Je lis l'indication thérapeutique et apprends que le vrai nom pour définir les pellicules du cuir chevelu, c'est *pityriasis capitis*. On dirait le nom d'un dinosaure rare. J'ai mille dinosaures rarissimes dans les cheveux. Mais plus pour longtemps.

J'applique une bonne quantité de Nizoral dans mes cheveux. Beaucoup plus que la posologie recommandée ! Mais je me dis : à la guerre comme à la guerre. Je veux que ça cesse enfin de me gratter.

Pendant que je ferme les yeux, il me vient stupidement à l'esprit qu'un serpent venimeux se serait faufilé dans la tuyauterie de notre salle de bains. Il serait sorti par la toilette et se dirigerait tout naturellement vers la douche, attiré par la buée et le jet d'eau chaude. (Ça se peut, j'ai déjà entendu ce genre d'histoire. De la bouche de Carl, sans doute…) Cet horrible serpent, il doit être là, à quelques centimètres de moi, langue sortie, cherchant l'endroit idéal pour m'empoisonner. Je savonne rapidement et rince le tout à la va-vite, afin de rouvrir mes yeux le plus vite possible pour m'assurer que je ne cours aucun danger. Mais mes yeux se rouvrent trop vite et brûlent d'un coup. Je ne sais pas si c'est l'œuvre d'une morsure de cobra ou alors du shampooing hyper puissant de papa. Je panique et fais un mouvement de recul. J'ai la vive impression qu'un serpent vient de me piquer sauvagement le bout d'un orteil. Je hurle très fort et le repousse de mon pied meurtri. Ma vie en dépend. Ma vie qui va se conclure nu comme un ver, luisant comme une loutre. J'ai toujours voulu mourir habillé et sec. Je vais avoir raté ma vie.

J'entends Antoine qui frappe à la porte. Il s'acharne sur le verrou. J'ai évidemment mis le crochet, par pudeur. Tous les Renaud font ça.

— Qu'est-ce qu'il y a, Léon ? ! Qu'est-ce qui s'est passé… ?

Peut-être qu'Antoine va pouvoir me sauver ? Il existe des remèdes contre les venins, non ? Autant dire la vérité.

— Je pense qu'un serpent m'a mordu !

Le jet d'eau fait son travail. Il rince totalement mon visage du précieux shampooing de papa. La brûlure s'estompe. Mes yeux recouvrent la vue.

Au même moment, le verrou cède et la porte s'ouvre. Mon frère a défoncé la porte. Il tire le rideau de douche et me voit dans mon plus simple appareil. Il affiche un air paniqué, lui aussi, tout en se frottant frénétiquement l'épaule.

— Où ça, un serpent ? T'as été mordu ???

Je plaque la main sur mon sexe et j'examine le fond du bain. Je cherche le serpent, mais ne vois que la bouteille de shampooing Fructis d'Antoine. Pas de trace de serpent. Pas de morsure sur mon gros orteil non plus. Juste une dignité complètement fichue.

Antoine échappe un rire. C'est plus un rire nerveux qu'une réelle moquerie. Il ramasse la bouteille qui est en train de se déverser lentement en émettant un râlement. Sans doute l'ai-je fait tomber, alors que j'étais pris d'une légère panique. Bon, d'une sincère panique, devrais-je dire.

— Ah ben, c'est toi qui gaspilles mon shampooing. C'est pour ça que ma bouteille baisse à vue d'œil. Je la paie avec mon argent, je te ferai remarquer!

Je me défends comme je peux et le chasse de la salle de bains.

— C'est beau, Antoine, je l'ai fait tomber, ta bouteille. Je m'excuse. C'est pas la fin du monde.

Et il sort en se massant l'épaule. Il rit encore, mais de moins en moins nerveusement. Son rire est davantage cruel. Je m'habille à la vitesse de l'éclair alors que mes parents viennent s'enquérir de la raison de tout ce boucan. Et évidemment, toute cette histoire les fait rire aux éclats. J'ai cru avoir été mordu par un serpent venimeux, alors que c'était une bouteille de shampooing. Ça y est: je serai la risée de la famille pour le reste de mes jours. J'entrevois déjà le souper de Noël avec mes oncles me lançant des guirlandes de fête dans le cou, pour m'effrayer. De l'agrément en perspective!

Merci, Carl. Grâce à ton film de merde qui m'a mis des idées dans la tête, mon Noël sera une catastrophe.

Je me couche tôt, mais je ne trouve pas le sommeil. Je roule dans mon lit. Je gigote comme un serpent. Je n'arrête pas de voir la tête de mon frère quand il a tiré le rideau. Un visage paniqué et protecteur. Je ne pense qu'à ça : mon frère a défoncé une porte pour me sauver. Et il m'a vu nu comme un ver. Je me mets à pleurer tout doucement dans mon lit. C'est un mélange de fraternité et d'humiliation.

10

Mon frère s'est déboîté l'épaule, hier soir. Ridicule, mais vrai. C'est ce que mon père m'apprend, ce matin : en défonçant la porte pour me sauver, il s'est démis l'épaule. Il aurait passé la nuit à se tordre de douleur. Tôt ce matin, il aurait réveillé maman. Ils sont allés à la clinique d'urgence. Je me sens terriblement mal.

Antoine vient de revenir. Il semble un peu fâché. Il va directement à sa chambre. Maman nous apprend les nouvelles : Antoine souffrirait d'une subluxation de l'épaule. C'est-à-dire que ce n'est pas totalement déboîté. Il a des ligaments endommagés, mais aucun de déchiré. Il a échappé à la luxation, mais il devra néanmoins faire de la physio. Et s'il n'en fait pas suffisamment, son épaule pourrait bien conserver une faiblesse. C'est dire qu'Antoine pourrait subir des séquelles toute sa vie de la fois où il m'est venu (inutilement) en aide, alors que je me faisais mordre par une bouteille de shampooing. Je m'en veux. Je me rends à la porte de sa chambre et cogne timidement.

— Entrez.

— Je m'excuse, Antoine.

— Y a pas de raison, Léon.

— T'as l'air fâché.

— Je suis fâché contre moi. Je suis pas emballé à l'idée de faire de la physio, mettons.

— Je suis tellement désolé, Antoine.

— C'est pas vraiment de ta faute.

— C'est moi qui ai hurlé...

— Disons que t'as une imagination assez fertile, merci.

Je suis en colère contre moi. Je voudrais que ce soit mon épaule qui soit mal en point. C'est moi le fautif. J'en ai contre mon imagination. Mais surtout contre le stupide film de serpents de Carl. Si on n'avait pas regardé ce film, jamais il ne me serait venu à l'esprit que je m'étais fait mordre par une vipère de la mort. Et jamais Antoine ne se serait démis l'épaule en fracturant le verrou de la salle de bains.

Mais jamais je n'aurais su combien mon frère m'aime.

11

Maman est une meurtrière. Pas une grande, mais une meurtrière quand même. Elle tue systématiquement toutes les plantes qu'on lui offre. Pareil pour les fleurs qu'elle plante à l'extérieur, au printemps. Évidemment, il ne s'agit jamais de meurtres prémédités. Mais entre ses mains, tous les végétaux décèdent. C'est plus fort qu'elle. Elle lutte contre sa profonde nature de tueuse botanique, mais elle finit toujours par leur réserver le même sort. Les plantes d'intérieur, elle les inonde ou les assèche. Elle ne sait pas doser.

Ce soir, pendant le souper, maman a envie de faire brûler de l'encens dans le salon. Elle en plante un bâton dans la dernière plante qu'il nous reste, pour allier nature et purification. Je déteste cette odeur. Elle m'étouffe. Quand maman fait brûler de l'encens, j'ai l'impression de manquer de souffle et de comprendre de l'intérieur ce que vit un asthmatique, même si je ne le suis absolument pas. Peut-être que l'encens me rend asthmatique?

Ma mère adore cette odeur. Elle dit que ça la calme. Alors ce soir, après le repas, elle se projette en train de relaxer devant un bon film, galvanisée par l'odeur de l'encens qui embaumera le salon. Aucun risque que je regarde un film avec elle!

Antoine verse le restant de son souper dans un Tupperware. Il mangera le reste demain, au cégep.

— Appétit d'oiseau, reproche mon père.

— C'est les portions de maman, le problème. Elle en met trop. C'est des portions d'ogre qu'elle vous sert.

— Je suis pas d'accord, que j'interviens.

— Toi, t'es en pleine croissance. C'est normal que tu termines ton assiette, reconnaît Antoine.

Pendant que mon frère commence à faire couler l'eau chaude dans le bac à vaisselle, nous entendons un cri provenant du salon. C'est maman. Papa en tête, nous accourons et distinguons à peine Nathalie dans le nuage de fumée du salon clos. Papa ouvre la porte et la maintient ainsi (c'est une porte battante). De la boucane très épaisse s'en échappe. Maman émerge finalement vers nous, désolée comme le serait une magicienne ayant raté son tour. Ou mieux: comme une pyrotechnicienne qui aurait éprouvé de sérieux problèmes techniques. Sa voix est celle d'une gamine coupable.

— Je savais pas que c'était dangereux de mettre un bâton d'encens dans la terre.

— Comment ça ? je demande.

— Le bâton d'encens a brûlé au complet pis je pense bien que la terre a pris en feu.

— On dirait bien que la « survivante » a pas survécu, remarque papa en ouvrant grand les fenêtres pour libérer la fumée.

La « survivante », c'est ainsi qu'on nommait la dernière plante vivante de notre maison. Eh bien, ma mère vient de la brûler vive. Bravo, maman !

Antoine est toujours aussi vigilant :

— Je comprends pas pourquoi le détecteur de fumée a rien signalé. Habituellement, il se déclenche à rien, non ?

Maman poursuit dans son rôle de gamine coupable :

— C'est ma faute. Hier soir, les piles de la télécommande ont rendu l'âme. J'ai cherché des piles partout. J'en ai pas trouvé. J'ai pris celles du détecteur.

Antoine échappe un petit rire d'incompréhension.

— Mais maman, ce sont même pas des piles compatibles.

— Je m'en suis rendu compte, mais j'ai été trop paresseuse pour remettre la grosse pile dans le détecteur. Monter sur la chaise et zigonner les bras dans les airs et la tête penchée par en arrière, ça me donne le vertige.

— T'as été capable de l'enlever, pourtant, remarque papa.

— Oui, mais pas de la remettre. J'ai abandonné. J'étais trop étourdie, Bruno. J'étais sur le bord de tomber dans les pommes. Tu voulais que je m'évanouisse, c'est ça? Hein, Bruno, c'est ça que tu voulais?

— Ben non, franchement! Mais il me semble que...

— Tu vas me dire que j'aurais pu te demander de l'aide, mais tu dormais déjà. J'étais quand même pas pour te réveiller juste pour ça?

— Tu aurais pu, Nathalie. Si le feu avait pris...

— J'ai pris une chance, Bruno! Ça fait de moi une mauvaise mère? Hein?

— C'est quand même de la négligence criminelle.

— OK. J'ai été négligente. Tu vas faire quoi? Me dénoncer à la police?

— Non, Nathalie. Calme-toi un peu, là.

Antoine trouve la pile du détecteur, quelque part sur un rayon de la bibliothèque, et grimpe sur une chaise pour la remettre à sa place, en essayant de ne pas remuer son épaule blessée.

— Mais tu pourrais très bien, Bruno. C'est tout ce que je mérite. Je suis une mauvaise mère. Par ma faute, la nuit dernière, la famille a passé proche de mourir brûlée vive...

Le détecteur fonctionne. Un gros son strident clôt le bec à maman. Mais c'est temporaire. Elle enterre le cri du détecteur :

— Antoine, Léon, j'espère que vous allez rendre visite à votre mère de temps en temps à la prison quand votre père m'aura dénoncée !

Maman est une meurtrière de plantes qui a le sens du drame. Il n'y a pas à dire.

Papa soupire. Il est fâché pour vrai, je pense. Il va se réfugier au sous-sol, sans doute pour se défouler en jouant à un jeu vidéo. Donkey Kong, probablement. Antoine, lui, agite une serviette sous le détecteur pour disperser la fumée et faire taire le cri monocorde et irritant qui jaillit du détecteur.

La boucane s'estompe peu à peu. Maman est de plus en plus visible. Je pense qu'elle pleure silencieusement. Ou peut-être aussi que ce sont des sanglots sonores ? Mais le détecteur mène un boucan d'enfer. Donc, je ne peux pas dire.

Je n'aime pas voir ma mère pleurer. Je m'approche d'elle et lui touche le bras. Mon geste est maladroit. Maman recule. Au même moment, le cri du détecteur stoppe. Je me retourne vers Antoine.

— C'était trop insupportable. J'ai arraché la batterie.

Il ouvre sa grande main effilée et montre la pile. Il la regarde penaud comme s'il venait d'arracher le cœur à mains nues d'un oiseau paniqué.

Je viens d'une famille de meurtriers inoffensifs.

12

Je vais faire les boutiques avec maman.

Hier, à l'école, j'ai tenté de faire le grand écart pour imiter Carl (et le faire sourire par le fait même). Mais mon Levi's a fendu. Dans le sens de la craque de fesses. Alors Carl, il a plus que souri ; il a ri à en pleurer. Pour vrai. Il a pleuré de rire en répétant en boucle : « *Man*, t'es trop drôle ! » J'ai fait semblant d'être fâché qu'il rie de ma bêtise, mais au fond de moi, j'étais plutôt fier. C'est compliqué à expliquer, cette fierté-là. Je crois qu'être son bouffon par excellence me remplit d'orgueil. Ou c'est peut-être lié à ma peur que Carl réalise que je suis banal ? Chaque fois que je n'ai pas l'air banal près de lui, c'est une petite victoire. Et dussé-je fendre tous mes pantalons pour ne pas être banal, je le ferai. La fierté de le faire rire est tellement grisante.

Mais bon, j'avais tout de même le jeans fendu. Heureusement qu'il ne restait que le cours de maths. Je me suis tenu tranquille, piteusement assis à ma chaise, pour éviter que l'on ne voie la couleur de mes caleçons. C'était quoi l'idée d'accepter que ma mère achète un slip rouge pompier, aussi ?

J'ai besoin d'un nouveau jeans. C'est ce qu'a décidé ma mère. Elle le trouve trop usé. Le réparer ne servirait à rien. Elle veut payer, alors je serais ridicule de m'en passer. Nous faisons trois ou quatre boutiques et faisons le même constat : tous les jeans en vente arborent autant de marques d'usure que mon vieux Levi's, qui les a acquises de manière naturelle. C'est désespérant, vraiment. Je suis comme Léonie. J'en ai assez de ce qu'on nous force à aimer, à adopter. J'en ai contre la mode. Si j'ai envie de porter un jeans sans usure artificielle, moi ? Si j'ai envie d'être moi-même, moi ?

J'envie mon frère, totalement « libéré » de tout ça, « déconditionné » de sa génération, comme dirait Léonie. Ne passe-t-il pas ses journées à consommer des œuvres d'une autre époque, indifférent à la mode ? Il est lui-même d'une autre époque. Je veux me rallier à lui. À son époque révolue.

Je me révolte contre les jeans au goût du jour et m'achète un pantalon propre, noir. Ma mère exulte. « Tu le mettras à Noël ! On fait d'une pierre deux coups ! » Je suis heureux qu'elle soit heureuse. J'ai choisi un pantalon sobre et chic ; je suis un vrai bon garçon.

Nous rentrons à la maison après un arrêt éclair à la pizzeria du coin. Maman y cueille deux pizzas. Une extralarge *all dressed* pour papa, elle et moi, et une moyenne végétarienne pour Antoine. Je mange avec appétit, sans me donner la peine de mastiquer entièrement mes bouchées. La vitesse à laquelle j'engouffre ma part importune mon père.

« Ralentis, Jo Blo. Il va t'en rester, inquiète-toi pas. Prends donc exemple sur Antoine. »

Je ne prendrai quand même pas exemple sur Antoine pour tout. Il y a des limites au rôle du frère modèle. Antoine est la lenteur incarnée quand il est question de manger. Souvent, mon père est irrité par le temps qu'il met à finir son assiette. En fait, mon père est facilement irritable. C'est comme si mon frère et moi, on faisait exprès. Moi pour manger trop vite et lui pour manger trop lentement. Pour que mon père soit heureux, il faudrait manger à sa cadence à lui. N'importe quoi ! On a tous un rythme personnel à respecter, non ? Je dois toutefois admettre que mon frère a réellement tendance à mettre une petite éternité entre chacune de ses bouchées. À sa défense, il sort toujours son classique :

— Je m'assure de manger à ma faim, moi. Vous, quand vous mangez trop vite, vous pouvez pas comprendre que vous êtes pleins. Votre cerveau a pas le temps de le saisir parce que vous faites juste avaler sans arrêt. Vous êtes des goinfres.

Son cerveau doit souvent lui dire *stop*, car rares sont les fois où Antoine termine son assiette.

Je regarde sa pizza végétarienne. Il en reste la moitié et il ne semble pas résolu à la terminer. Je lui demande donc si je peux me servir car, bien que je vienne de manger la dernière pointe *all dressed*, mon appétit n'est pas encore totalement rassasié. Je sais : je suis un puits sans fond.

— Mange-la, gros cochon. Moi, j'ai plus faim. Je vais aller me brosser les dents.

Je ne me fais pas prier et j'engloutis ce qui reste de sa pizza garnie de légumes. C'est un peu moins bon que la *all dressed*, mais à cheval donné, on ne regarde pas la monture. C'est bien l'expression, non ? Faudrait vérifier dans le dictionnaire d'Antoine.

Plus tard, juste avant que mon frère et moi commencions à faire la vaisselle, je vais à la salle de bains pour essayer mon nouveau pantalon. Je ne suis pas convaincu du résultat. J'ai l'air d'un ado sage et pâle. Je ne suis ni sage ni pâle. Ce pantalon n'est pas moi. Pourquoi n'ai-je pas acheté un jeans, comme tout le monde ?

Pendant que je fais l'air bête à mon propre reflet dans l'immense miroir, je décèle une substance étrange sur la lunette de la toilette.

On dirait de la purée pour bébé. Un truc aux carottes, peut-être ? Qu'est-ce que ça fait là ? Je m'approche et comprends qu'il s'agit de vomi. Je grimace et cours à la salle à manger.

— Yark ! Il y a du vomi sur le siège des toilettes.

Mon père regarde son fils aîné.

— C'est toi, Antoine ? T'es-tu malade ?

— Ah, bof. Oui, un peu. Je pense que la pizza était pas super fraîche, que banalise mon frère.

— Je comprends pas. J'en ai mangé, de la pizza, pis j'ai pas mal au ventre.

— Moi, c'était la végétarienne.

— J'ai pris deux pointes de ta végétarienne, Antoine.

— Je sais pas quoi te dire, Léon. Ma partie était moins fraîche. Je sais pas…

Alors qu'elle nettoie la table, ma mère vient à la rescousse de son aîné.

— Antoine a un estomac plus fragile que le tien, Léon.

— Et des épaules plus fragiles, aussi !

Cette blague de mauvais goût n'est pas la mienne, bien sûr. Je serais mal placé pour rire de la piètre envergure des épaules de mon frère. C'est une blague déplacée de papa, évidemment. Mon père a un furieux plaisir à rire de la stature de ses fils. La mienne est passable, car depuis un an, je prends de la masse. J'épaissis, au plus grand plaisir de mon père. Tout le contraire d'Antoine, qui s'affine. Il grandit, mais son poids demeure le même. Je crois que mon père en a contre la silhouette délicate d'Antoine.

Ma mère intervient encore.

— Veux-tu ben te taire, Bruno ! C'est pas de sa faute, s'il est frêle. Il tient ça de sa mère. On a des petits os, nous.

Personne ne réplique à ça. Ça vaut mieux pour éviter un génocide familial. Ma mère, seule représentante féminine de la maison, n'est pas précisément ce que l'on pourrait qualifier de « frêle ». Elle l'a été, oui. Il y a longtemps. Dans les vieux albums de famille, sur les photos datant d'avant la naissance d'Antoine, elle semble une autre femme. Frêle, oui. Le mot est envisageable. Elle semblait l'être alors. Mais les grossesses et les années l'ont épaissie, elle aussi. Peut-être que ses os sont minuscules, mais la chair qui les recouvre brouille la donne. On pourrait même dire que ses os sont maintenant bien dissimulés. Alors difficile de juger de leur petitesse.

— Maman a raison, dit Antoine.

On ne pourra rien dire, après ça. Mon père prend un petit temps et clôt la discussion.

— En tout cas, la prochaine fois que tu vomiras, lève donc le siège de la toilette. C'est plus respectueux pour celui qui va au petit coin après toi.

Antoine lève les yeux au ciel.

— Comme s'il allait y avoir une prochaine fois…

— Ah non ? Tu vomiras plus jamais jamais ? ironise papa.

— Jamais jamais.

— C'est bien, ça, mon gars ! C'est bien de rêver d'avoir l'estomac de papa !

Antoine remplit le bac à vaisselle d'eau chaude. L'eau semble brûlante. Ses mains osseuses momentanément rouges en font foi. J'ai mal pour lui. Je tolère mal l'eau bouillante, moi. Il n'est peut-être pas une si petite nature que ça.

On fait la vaisselle silencieusement. Antoine me regarde du coin de l'œil.

— T'as un nouveau pantalon ?

— Oui.

— T'es chic. On dirait un pantalon de Noël.

Les dents de la fourchette que j'essuie me piquent l'index.

13

Nizoral, le shampooing miracle que m'a offert papa, ne fait finalement aucun miracle sur moi. Mon cuir chevelu demeure une catastrophe. Mais depuis hier soir, j'ai découvert un précieux outil qui, dans l'intimité de ma chambre, me soulage à coup sûr: la fourchette. Me racler le crâne avec les dents de cet ustensile est la seule chose qui m'apaise. Alors je garderai maintenant en permanence une fourchette dans le tiroir de mon bureau. J'en ai également mis une dans mon sac d'école. Aujourd'hui, à l'école, sur l'heure du midi, je suis allé me racler la tête dans une cabine, question de me soulager en privé. Quand les dents de la fourchette se fraient un chemin jusqu'à mon crâne, ça frôle l'orgasme, mon affaire.

Dans l'autobus, Katy (la fille qui ressemble à Megan Fox, mais qu'on surnomme Kate Moss à cause de son nom) s'assoit avec moi. Elle veut en savoir plus sur Carl. Elle est subtile comme un éléphant dans une boutique de porcelaine de Limoges. Mais un éléphant très joli, avec des vêtements très au goût du jour. Un éléphant avec des *skinny* jeans, si on veut. Elle n'a jamais daigné me parler de la sorte, mais maintenant que mon meilleur pote l'intéresse, je semble subitement devenu une personne pertinente.

— Tu le connais bien, Carl, non ?

Elle prend un timbre de voix qui se veut intime et qui veut donner dans la confidence, mais elle parle étonnamment fort. Cette fille manque de finesse, c'est flagrant pour moi.

— Depuis le primaire.

— Vous êtes souvent ensemble, me semble.

— On est très proches, oui.

— C'est avec lui que tu partages ton casier, non ?

— Oui oui. Je suis avec lui.

— Je trouve que Carl embellit.

— Ah.

Que veut-elle que je réponde à ça ?

— C'est possible.

— Il est plus musclé qu'avant, me semble. Est-ce qu'il s'entraîne ?

— Pas plus qu'avant.

— Il a grandi aussi, me semble.

— C'est possible.

— Il va dans un salon de bronzage, non ?

— Pas son genre. Il a des origines mexicaines.

— Ah bon. Pis tu sais-tu c'est quoi, son genre de fille ?

— Je sais pas trop.

Cette fille est là pour entendre ce qu'elle veut entendre. Alors je vais jouer le jeu. De toute façon, je ne mens pas.

— Une fille comme toi, je dirais.

— T'es sérieux ?

— Oui.

— Il te l'a dit ?

C'est un terrain glissant. Mieux vaut demeurer vague. Je ne veux pas piéger Carl.

Mais à vouloir être vague, je demeure plutôt silencieux. La voix de Katy s'élève encore plus. Une voix grinçante, insistante, mais qui se veut feutrée. Mais qui ne l'est absolument pas ! Dans le dictionnaire des synonymes et antonymes d'Antoine, au mot subtilité, il faudrait faire précéder la liste d'antonymes d'un seul nom, éloquent à souhait : Katy Mossalim.

— Léon, je te parle. Il te l'a dit oui ou non ?

— Quelque chose qui pouvait ressembler à ça.

— Quels mots qu'il a utilisés ? Je veux savoir les mots exacts.

Non, mais voir que je m'en souviens !

— Je sais pas, Katy. Il a dit un truc comme quoi tu lui plaisais. Je sais pas trop. Faudrait que tu demandes ça à lui, pas à moi.

— OK. Mais il a personne dans sa vie ?

— Il a personne.

— Personne personne ?

— Personne personne personne !

— Super.

Épuisante fille.

Elle laisse échapper un son catastrophé. Elle fait les yeux ronds, en manque de quelque chose, et se met à chercher frénétiquement dans son sac. Ça semble urger. Peut-être qu'elle est allergique aux noix et qu'elle vient d'en avaler par inadvertance, juste avant de monter dans le bus ? Elle viendrait de s'en rendre compte, sa gorge enflant à vue d'œil. Elle chercherait donc désespérément son Epipen. Ce serait une question de vie ou de mort. Je sais ce que c'est. Antoine a des allergies lui aussi. Il a lui aussi son Epipen à la maison, en cas de méprise alimentaire. Elle va trouver son dispositif (ça ressemble à un gros surligneur) et s'enfoncer l'aiguille dans la cuisse. C'est une auto-injection d'adrénaline. Ça va prolonger sa vie. Ça va renverser momentanément le choc anaphylactique provoqué par les noix qu'elle a avalées. Si c'est bien des noix. Peut-être est-elle allergique à autre chose ? J'espère qu'elle ne me demandera pas de lui flanquer l'aiguille moi-même dans sa cuisse. Je n'aime pas particulièrement les aiguilles, moi. Et surtout, je ne suis pas très doué pour ce genre de manipulation. Je serais certainement du genre à lui viser la rotule. Rien pour l'aider, ça. Ou, pire, je serais du genre à enfoncer accidentellement l'aiguille de son Epipen dans le banc de l'autobus, et à tuer Katy par le fait même. La tuer en ne la sauvant pas.

— J'ai tellement faim. T'aurais pas quelque chose à grignoter?

— Euh... Je pense pas.

— Tu peux vérifier dans ton sac? Des fois, on pense qu'on a rien pis en fouillant un peu, on trouve quelque chose.

Fiou. Elle ne cherche pas son Epipen. Je n'aurai pas à lui sauver la vie. Ça vaut mieux pour elle; je ne crois pas être doué pour sauver la vie des gens. Je laisse ça à Carl. Il s'en serait bien tiré, lui.

— Cherche donc, Léon. Dans ton sac!

Mais qu'est-ce qu'elle a, cette fille, à insister? Je trouve son attitude déplacée. Ce n'est pas comme si nous étions amis. Bon, OK, j'aurais tenté de lui sauver la vie du mieux que je peux, mais je ne lui dois rien. Je n'ai pas à mettre mon sac à l'envers pour voir si je n'y trouverais pas une pomme ou un sac de biscuits émiettés pour mademoiselle ultra proportionnée en *skinny* jeans qui a faim. Mais je suis bien élevé. Alors je vais la contenter. Je me mets à fouiller dans le fond de mon sac. Je cherche avec plus ou moins de conviction. Puis je me dis qu'elle est peut-être hypoglycémique. Ça se pourrait, non? Elle aurait besoin de sucre là, tout de suite. C'est ce qui la rend agressive. Alors je m'active. Je racle le fond de mon sac. J'y trouve des bouchons de crayons, les dents pointues et froides de ma fourchette, des morceaux de papier, un suçon, une pelure de banane noircie (datant de ce matin, heureusement) et une vieille barre tendre. Je l'exhibe sous son nez. Le sachet transparent est sale, peu inspirant. J'ignore depuis quand cette barre tendre gît dans le fond de mon sac. Si Katy n'est pas en hypoglycémie, elle va lever le nez sur ma barre tendre, qui au demeurant doit être plus sèche que tendre, à présent. Et si elle me l'arrache des mains, c'est qu'elle a une réelle carence de sucre. Une carence qui met sa vie en danger.

Elle fait les deux, finalement. Elle grimace (une moue de fille de vidéoclip) et elle me la prend. Elle déchire le sachet avec dédain avant d'engouffrer la barre en deux bouchées. Elle est certainement une hypoglycémique dédaigneuse.

— T'es hypoglycémique ?

— Hein ? Non, pourquoi ?

— Je sais pas. Tu semblais avoir faim.

— J'avais faim, oui. C'est tout. Juste faim.

— Ah.

— Elle était pas très bonne, honnêtement. Ta barre tendre. Même un peu dégueulasse. Ça devait faire des mois qu'elle était là. J'espère qu'elle date pas de l'an passé. Ça se pourrait, tu penses ? T'aurais pas fait le ménage de ton sac d'école au début de l'année scolaire, genre ? Est-ce qu'on peut faire une intoxication alimentaire avec une barre tendre passée date ?

Je l'écoute angoisser en solo. Tout ce que je souhaite pendant qu'elle panique, avec le crescendo incessant de sa voix dans le bus, c'est que Carl ne sorte jamais avec cette fille. Je le souhaite à lui autant qu'à moi.

— Hein, Léon ? D'après toi ?

— Non, je pense pas, Katy. T'es pas allergique aux noix, toujours ?

— J'aurais pas pris ta barre tendre si j'étais allergique aux noix, Léon. Je suis pas conne.

— Je l'ai jamais cru, non plus.

— Ouin.

Et le silence envahit notre petit banc. On n'a plus rien à se dire. Je ne lui donne plus d'informations sur Carl. Or, je ne suis plus d'aucune utilité dans sa vie de princesse. Cinq minutes passent sans qu'on échange le moindre mot. J'essaie d'oublier sa présence. Je me tourne vers la fenêtre, mais regarde son reflet sur la vitre. Je me dis qu'elle va aller s'asseoir ailleurs, à un autre banc. Rejoindre des amis au fond du bus, peut-être ? Eh bien, non. Elle ne bouge pas. Elle joue avec le sachet de la barre tendre. Elle le plie, le déplie. Elle fait ni plus ni moins que de l'origami. Je la scrute à mon aise, en regardant dans l'autre direction. Je regarde ses seins. Elle a vraiment des seins magnifiques. Je les imagine bien dans son lainage moulant. Deux seins parfaits. Dommage qu'elle soit une peste.

— Ouaaaach.

Je me retourne vers elle. Katy joue la fille dégoûtée. La moue de vidéoclip, encore.

— Quoi, ouach ?

— Ton épaule est pleine de pellicules.

Je tente de réduire ma panique. De ne rien laisser passer. Du revers de la main, je balaie rapidement mon épaule. Des pellicules tombent sur son lainage, sur ses seins parfaits. Son dégoût est plus flagrant que jamais. Du dégoût à son paroxysme.

— Tu devrais te laver les cheveux, Léon.

— Je me les lave ! Pour qui tu me prends ?

— Il y a des shampooings qui existent pour ça, tu sais. Je dis ça pour te rendre service, chose.

— C'est beau. Merci de l'information.

Elle se tait. Je me tais. Notre banc est un îlot de silence, dans l'océan de cris du bus scolaire. Je me referme contre la vitre. Je vois son reflet. Elle retire les pellicules de sur sa poitrine. Son geste me dégoûte. Son dégoût envers moi me dégoûte, oui. Je me sens comme un lépreux. Par sa faute. Je n'ai qu'une envie, c'est de me retourner et remuer ma tête sur ses seins, pour qu'il en tombe mille peaux mortes. Je voudrais inonder ses seins parfaits de mes pellicules. Comme pour la salir. Peut-être même lui cracher dessus ? Sur ses seins, oui. Lui cracher sur les seins parfaits. Non, peut-être pas. Ce serait trop. Mais neiger de la tête sur ses seins parfaits, ça oui. J'en profiterais pour sortir ma fourchette et me gratter le cuir chevelu, au-dessus d'elle. D'ailleurs, ma tête me pique.

Et si elle se plaint de ma saine entreprise de vengeance, si elle me refait la moue dégoûtée de fille de vidéoclip, je lui pique les seins avec les dents de ma fourchette. Et toc ! Je suis terrible, je sais.

C'est son arrêt. C'est sa maison. Derrière la vitre. Sa belle et grande maison de princesse aux cheveux soyeux. Immaculés.

— Je m'excuse. Bye.

Encore sa voix irritante. À peine plus intime.

Elle se lève et descend du bus. Je me retourne seulement une fois qu'elle en est sortie et vois, à l'endroit où elle se trouvait, un genre de rose. C'est mon papier de barre tendre. Elle en a fait une fleur.

14

Ce soir, c'est vendredi. Antoine et moi sommes au restaurant avec nos parents pour célébrer leur dix-neuvième anniversaire de mariage. C'est un restaurant presque chic. Sur le bord d'être chic, disons. Dix-neuf ans, ce n'est pas vingt ans, mais ça se fête quand même. Ça se souligne, je trouve, passer dix-neuf ans avec la même personne. Tous les parents de mes amis divorcent ou ont déjà divorcé. Ou ne se sont simplement jamais mariés. Antoine et moi sommes pratiquement deux adolescents-ovnis baignant dans une stabilité familiale.

Je ne veux pas ruiner mes parents, alors je prends le repas le moins cher : le plat de spaghettis sauce bolognaise. Mes parents ne sont pas spécialement pauvres, mais je ne sais pas, chaque fois qu'on m'invite, je prends toujours le plat le moins cher. Je me sens moins coupable comme ça. Antoine, lui, prend le repas le plus santé : une salade de poulet. Quant à mes parents, les deux amoureux jubilés, ils se lâchent le corps à la dépense. Ils commandent des entrées, des mets principaux compliqués, et boivent un bon vin dispendieux. Ils en offrent à Antoine, mais il décline; il n'aime pas le goût aigre du vin. Antoine est majeur et peut légalement boire tous les alcools qu'il veut, mais il n'en consomme jamais! Il n'aime pas perdre le contrôle, qu'il dit. Il est drôle! Moi, si on m'autorisait à boire du vin, je ne me ferais pas prier!

Vers la fin du repas, avant le dessert, je questionne mes parents:

— Si l'an prochain, pour vos vingt ans de mariage, ça va être vos noces de porcelaine, vos dix-neuf ans de mariage d'aujourd'hui, c'est vos noces de quoi?

Mes parents font les yeux ronds. Ils l'ignorent. Antoine vient à leur rescousse:

— J'ai l'honneur de vous apprendre que ce sont vos noces de cretonne. J'ai vérifié.

Je m'esclaffe.

— Des noces de cretonne! C'est ridicule! C'est le féminin de creton, c'est ça? C'est des noces de charcuterie? Papa, maman, je vous souhaite de belles noces de morceaux de graisse de porc frais!

Antoine rit comme les autres, mais me corrige.

— Cretonne, c'est une toile de coton très forte. Ça rappelle la force de votre amour. C'est une belle introduction pour le cadeau que je vous offre.

Et il leur tend un paquet emballé sobrement qu'il conservait dans son sac, accompagné d'une enveloppe. Je suis terriblement embêté ; je ne leur ai rien acheté, moi. Maman commence la lecture de la carte, les yeux pleins d'eau déjà. Elle bat des paupières pour que rien ne coule et passe la carte à papa. Silence. Papa lit vraiment moins vite qu'elle. Nathalie n'attend pas qu'il ait terminé sa lecture avant de déballer le paquet. Ce sont de beaux draps de coton.

— Des draps de cretonne, précise Antoine.

Maman renonce à contenir ses larmes. Papa est ému aussi, les yeux quelque part encore sur la carte. Et moi, je me sens ingrat.

— Mais t'as trouvé ça où, Antoine ?

— Ç'a pas été évident, disons…

— T'aurais pas dû ! Hein, Bruno, il aurait pas dû ! On manque de rien, voyons. Garde ton argent. T'as gardé la facture, j'espère ?

— Mais ça me fait plaisir, maman. Tu les trouves pas beaux ?

— Ben oui, sont beaux. Sont magnifiques. C'est la couleur de notre tapisserie. Ça va être assez beau avec le couvre-lit.

— C'est ce que je me disais.

Maman embrasse son fils attentionné et bon et généreux. Papa lui serre la main.

Petit silence. Ça me concerne. La culpabilité de n'avoir rien acheté me serre la gorge.

— Je m'excuse. J'ai pas beaucoup d'argent. Je vous ai rien acheté. Mais je vous ai écrit une carte… que j'ai oubliée à la maison.

C'est faux. Je n'ai rien écrit du tout. Je suis simplement le fils ingrat de la famille. En rentrant ce soir, je vais me ruer dans ma chambre et je vais confectionner une carte de fête à la va-vite. Je tenterai de trouver les mots rapidement comme Antoine semble avoir trouvé les siens. Les mots pour émouvoir papa et maman.

— Mais papa et moi, on veut rien. Une carte, c'est déjà beaucoup.

Antoine poursuit dans son rôle du bon fils et lance :

— Tenez pour acquis que les draps sont de Léon pis moi. S'il avait plus d'argent, je suis sûr qu'il aurait contribué.

Il en fait trop. Ça me fâche. J'aurais contribué, oui. Je n'aurais pas vraiment eu le choix.

Antoine a un geste drôlement tendre envers moi. Il pose la main sur mon avant-bras et le tapote. Ça me donne un frisson ; les doigts d'Antoine sont glacés.

— À mon tour ! décide maman, pour changer l'atmosphère.

Elle tend une enveloppe à papa. Il en sort une paire de billets pour aller voir Patrick Huard en spectacle. Papa hausse les épaules comme s'il était indifférent, mais on sait que maman a vu juste et qu'il sera ravi de voir son humoriste préféré de retour sur les planches.

— Et moi ? Tu m'as rien acheté ? s'amuse ma mère.

Papa montre l'index, signifiant qu'il a besoin d'une minute. Il sort du restaurant et va chercher son cadeau dans le coffre de la voiture. Il revient avec un gros pot de céramique dans lequel reluisent les feuilles d'une plante en santé. Il n'a pas pris la peine d'emballer la plante. Mais bon, est-il coupable ? Moi, je n'ai rien acheté du tout.

Maman est intriguée. Elle touche une des feuilles qui brille et constate qu'elle est synthétique. Papa vient d'offrir une plante artificielle à maman. C'est une plaisanterie qui nous fait tous rire, sauf la meurtrière de la famille au pouce résolument plus rouge que vert.

Ma mère plante son pouce de meurtrière dans la terre.

— C'est de la vraie terre.

— Oui. Un vrai pot. De la vraie terre. Y a juste la plante qui est fausse.

— C'est pas drôle, Bruno. T'aurais pu m'en offrir une vraie.

— C'est pour éviter un meurtre de plus, ma chérie.

J'ajoute une blague :

— Tu devrais pas, papa. Ne sous-estime pas maman. Elle va quand même trouver le moyen de la tuer, celle-là. Elle serait capable de couper une branche en pensant qu'elle va repousser avec plus de force !

Papa rit, maman soupire et Antoine disparaît aux toilettes. Je cale mon 7 Up et me résous moi aussi à aller soulager ma vessie.

Quand je rentre aux toilettes, le seul urinoir est utilisé par un vieux monsieur. Il se tient tellement loin de son profit qu'on peut aisément voir son jet d'urine et, en prime, une partie de son pénis. C'est intimidant, je trouve. C'est le premier pénis de monsieur que je vois et c'est celui d'un étranger. Moi, quand j'urine à l'urinoir, je prends bien soin de cacher mon sexe. Mon pénis ne regarde que moi.

Je me réfugie dans l'une des deux cabines. La lumière s'allume comme par magie. Comme si on m'accueillait. C'est un détecteur de mouvement, j'imagine. Je mets une généreuse couche de papier sur la lunette et m'assois. J'ai l'impression de bloquer l'accès à toutes les maladies transmissibles par les fesses et les cuisses. Même à la maison, je fais ça. Je mets moins de papier, pour ne pas gaspiller. Seulement six petits carrés. Pas plus. Je ne peux pas m'asseoir si je n'ai pas préalablement protégé mes fesses nues par du papier. Mais je ne le dis pas à mes parents. Je pense que ça les insulterait.

Quand je ne suis pas devant un urinoir, j'urine généralement assis. Je sais que c'est inusité comme comportement de garçon, mais je suis comme ça. Je ne sais pas si c'est parce que je manque de visou, mais assis, je m'évite de faire des éclaboussures. Et c'est tellement plus agréable d'être assis. Je dois avoir une nature profondément paresseuse… Je ne sais pas.

Je suis assis sur le bol et rédige dans ma tête le mot que j'écrirai à la sauvette, ce soir, dans la carte improvisée pour l'anniversaire des noces de mes parents. La lumière s'éteint. La minuterie, sans doute ? Pour rallumer, j'agite le bras. Mais pas comme si je voulais prendre la parole. Non. Je fais plutôt un moulinet, avec le bras. Un mouvement de danse. Je me vois, assis sur le bol, faisant un mouvement spontané de danse avec le bras. Je me mets à rire. Pas fort, pour ne pas qu'on m'entende. Mais je ris.

Quand je sors de la cabine, le vieux monsieur exhibitionniste n'est plus là. Antoine non plus, j'imagine. Je me regarde dans le miroir de la salle de bains du restaurant. Je vois mon image. Le papier peint autour de moi est marron et mes cheveux de la même couleur partent dans tous les sens. La monture de mes lunettes est si délicate qu'on dirait qu'elle est dessinée sur ma peau. J'ai surtout un immense sourire aux lèvres. C'est mon moulinet qui me fait encore sourire. Je me regarde de près. C'est mon sourire à moi, ça ?

Mes dents croches délivrées du rideau de mes lèvres, le rictus tirant sur la gauche. C'est à ça que je ressemble quand je suis heureux ? Mon sourire s'estompe un peu. Je me rapproche de la glace. Qui est ce gars à lunettes discrètes ? Je ne me reconnais pas. Comme c'est étrange. Qui suis-je ?

Qui suis-je, oui ?

J'entends des sons curieux. Quelqu'un se sent mal dans l'autre cabine que je croyais vide. Je me penche sous la porte de sa cabine et reconnais les souliers d'Antoine. Il semble vomir. Je cogne à sa porte.

— Antoine, c'est toi ?

Une voix enrouée me répond.

— Qu'est-ce qu'y a ?

— Toi, qu'est-ce qu'y a ? Ç'a pas l'air d'aller. T'es-tu malade ?

— Ma salade passe pas bien.

— Papa a raison. T'as vraiment un petit estomac fragile.

— Je sais. C'est beau. Tu veux m'écouter vomir toute ma salade ou t'acceptes de me laisser un peu d'intimité ?

— Je vais y aller. Je m'excuse. Bon vomi.

Blague stupide. Je n'aurais pas dû la dire. Je cherchais simplement à détendre l'atmosphère. Je repasse devant le miroir. J'y vois un ado coupable, désolé. Je suis une autre personne. Je quitte les toilettes du resto sans savoir qui je suis vraiment. Celui qui sourit béatement ou celui qui se sent coupable ?

Nous rentrons tard. Puisque papa et maman ont trop bu, c'est Antoine qui conduit. Il en a le droit ; il détient son permis de conduire depuis près de deux ans et, fidèle à lui-même, il n'a pas bu. Mon frère s'installe derrière le volant à la place du conducteur. Je suis toujours impressionné de le voir assis là. Je l'envie. Mon père dit à la blague : « Arrange-toi donc pour pas nous tuer, s'il te plaît. Maman et moi, on aimerait ça se rendre à nos noces de porcelaine. Maman a toujours voulu recevoir de la porcelaine de Limoges. C'est l'an prochain ou jamais ! »

Antoine conduit super bien. Je lui fais totalement confiance. Un accident pourrait survenir. Ça arrive à n'importe qui, n'importe quand. Même quand on est vigilant. Alors pourquoi pas nous ? C'est possible, après tout. Un chauffard pourrait circuler en sens inverse et emboutir notre voiture. Et toute la famille Renaud dans sa petite Toyota bleu métallique casserait comme de la porcelaine de Limoges.

Si on avait à mourir ce soir d'un accident de la route, tous ensemble, je serais déçu, évidemment, mais aussi rassuré. C'est à ça que je pense : que si on mourait les quatre ensemble, je serais à la fois déçu et rassuré. Déçu de mourir à quinze ans sans avoir fait l'amour à une fille, mais rassuré de ne pas mourir seul et de partir avec ma famille. Tous ensemble. Les miens.

Je suis morbide, parfois. Mais c'est ce qui obsède mes pensées, pendant qu'Antoine conduit avec concentration. Comme s'il savait que la vie de sa famille était entre ses mains. Comme si c'était la chose la plus précieuse de sa vie.

Nous rentrons vers vingt-deux heures sains et saufs. Et heureux, je pense. Oui, je pense que nous sommes une famille heureuse. En tout cas, ce soir, nous le sommes.

Tout de même, je me couche en oubliant totalement la carte de fête promise à mes parents.

Quand je disais que j'étais un fils ingrat.

15

30 novembre, Nantes !

Cher et précieux correspondant de la rive sud de Montréal !

Je suis chez ma mère à Nantes, en France ! C'est la première fois que je lui rends visite chez elle depuis qu'elle nous a quittés, mon père et moi. Je n'ai pas bien le choix : c'est elle qui me paie le billet d'avion ! Et ça se prend toujours bien de manquer une semaine d'école ! Bazwel ! Je serais folle de dire non, hein ! ?

Mon père, lui, n'aime pas les voyages. Il dit qu'il est traumatisé par les avions depuis l'accident qui a marqué leur violente rencontre, mais je sais qu'il a peur que je le laisse seul dans notre grande maison à Lévis. Pas de danger : je préfère mon père à ma mère ! Je me fous de ses problèmes érectiles, moi !

Ma mère est une sale bourgeoise qui manque cruellement de simplicité ! Non seulement elle a des goûts de luxe, mais son luxe se doit d'être toujours atypique. Elle aime les objets uniques qui coûtent la peau des fesses ! Si un objet ne répond pas à ces deux critères, il est impensable de le retrouver dans sa petite maison nantaise. Tout ici est unique et dispendieux ! À commencer par la lampe de la cuisine ! Une lampe de style art contemporain. Ça consiste en une juxtaposition de seize lampes de bureau sur bras pliés. Des lampes munies de coudes, toutes identiques. Ma mère en est folle ; c'est imposant, flamboyant et très cher !

Cette nuit, en ouvrant les yeux, la première chose que j'ai vue, c'est la lampe. J'ai cru à une araignée géante ! J'ai crié ! C'est con, Léon. J'ai vraiment crié, comme une petite fille se réveillant en plein cauchemar ! J'ai réellement eu peur ! Je me sens tellement conne ! J'ai hâte de rentrer au Québec ! La France, c'est surfait ! Ça manque de simplicité ! Je m'ennuie de ma grande maison simple ! Je m'ennuie de mon papa tout simple qui doit se sentir bien seul, dans notre grande maison simple, à Lévis !

Je reviens dans trois jours ! Je m'ennuie presque de l'école, bazwel ! C'est con, hein ?

Je t'embrasse,

Léonie
XXX

P.-S. : Je sais que ça ne se dit pas tellement, mais je pense que j'aime plus mon père que ma mère ! Toi, lequel de tes parents préfères-tu ? Ta mère, je parie !

P.-P.-S. : Je viens de remarquer que tu écris maintenant le L de ton prénom exactement comme le mien ! C'est très drôle ! Je me dis que tu me trouves inspirante ! Si c'est le cas, ça me touche !

Je suis terriblement gêné. Je me sens démasqué. Par chance, bien que je la copie graphiquement sans vergogne, ça la touche que je m'inspire de sa calligraphie. Je suis légèrement soulagé.

En bas de la lettre, sous les post-scriptum, avec un stylo d'une couleur différente, Léonie ajoute une note :

Récris-moi à Lévis, évidemment ! Comme tu as dû remarquer, j'ai attendu d'être de retour ici pour te poster ma lettre. Ma mère dit que ça peut prendre plusieurs semaines avant qu'une missive arrive au Québec. Je me suis dit que ça irait plus vite d'attendre. J'ai bien fait, hein ?

Je vais dans la chambre d'Antoine voir où se trouve la ville de Nantes en France sur sa mappemonde. Je cherche longuement sans trouver et me résous à utiliser la méthode rapide : naviguer sur le web dans la salle d'ordinateur. En un clic de souris, je tombe sur la carte de la ville à l'ouest du pays. Je passe le doigt sur l'écran sur NANTES, comme si je caressais la chevelure de ma correspondante. C'est là qu'elle se trouvait, de l'autre côté de l'océan Atlantique. Toute cette eau qui nous séparait... Quelle chance elle a de voyager comme ça. Moi, je n'ai encore jamais pris l'avion. Pas plus que mon frère. Si ma mémoire est bonne, seuls mes parents ont traversé l'océan pour visiter la France, pour leur lune de miel.

Je reprends la lettre de Léonie et relis le premier post-scriptum : *Toi, lequel de tes parents préfères-tu ?* Je ne me suis jamais vraiment posé la question. Quand mon père est rude avec moi, je préfère ma mère, et quand ma mère est impatiente avec moi, je préfère mon père. Mais je les aime également.

Je prends une feuille mobile et je me mets à lui répondre sans réfléchir. C'est aujourd'hui que je commence véritablement à écrire à Léonie sans me censurer !

J'écrirai tout ce qui me vient à l'esprit, que ça se dise ou non.

Je viens d'une famille très correcte, avec juste ce qu'il faut de bourgeoisie. C'est ça : une famille avec un soupçon de bourgeoisie. Tiens, par exemple : à Noël, quand nous recevons, nous avons des amuse-gueules de premier ordre, mais il s'agit toujours de bouchées surgelées. Mais attention, ce sont des surgelés très dispendieux et très goûteux. Presque faits par un traiteur. On s'y méprend. Le goût est si près… Ça fait de nous une famille avec un soupçon de bourgeoisie.

Si mes parents ont trop chaud l'été, ils vont dans un magasin spécialisé en climatiseurs, mais reviennent avec un simple ventilateur soi-disant ultra puissant de chez Canadian Tire. Si mes parents se tannent de leurs laveuse et sécheuse toutes deux beiges et tristes, ils passent chez Brault et Martineau, mais reviennent avec deux cacanes de peinture bleue en spray qui adhère au métal de chez Canadian Tire, se contentant de simplement retaper leurs vieux électroménagers.

Alors oui : nous sommes une famille avec un soupçon de bourgeoisie.

Notre maison est simple et la décoration n'est pas très sophistiquée. Pas de lampe compliquée qui ressemble à une araignée géante. Juste une plante artificielle.

Je ne manque de rien. Surtout pas d'amour. Ma mère est toujours là pour m'acheter un pantalon quand c'est le temps. Mon père est toujours là pour m'acheter un shampooing quand c'est le temps. Donc pour répondre à ta question : j'aime mes deux parents également.

Je relis et je souris. J'aime ça.

— Tu lis quoi ?

Je sursaute. Ma mère lit par-dessus mon épaule. Comme si on ne lui avait pas appris le respect ! Non, mais c'est quoi, ça, lire une lettre par-dessus l'épaule de son fils ! Ça ne se fait pas. Ça me donne presque envie de récrire et de changer la fin au profit de mon père.

— Tu m'as fait peur, maman !

— On m'entend jamais venir, Léon. Je suis comme une souris. Une toute petite petite souris !

Ma mère rigole. Je n'ose pas lui dire que c'est faux. Qu'on l'entend toujours venir, partout. Mais qu'ici, dans la salle d'ordinateur, le plancher ne craque pas. C'est uniquement grâce au plancher que ma mère peut apparaître sans être entendue.

— Je récris à Léonie.

— Déjà ? Mais tu viens de recevoir sa lettre !

— Hum.

— T'en as pour longtemps ?

— Je sais pas.

— Tu peux faire ça dans ta chambre ou dans la cuisine ? Faudrait que je renouvelle mes films sur le site de la bibliothèque. Sinon je vais oublier et être en retard, encore.

— Je te laisse la place à une condition.

— Bon, du chantage.

— Est-ce que je pourrais inviter Léonie à venir ici, pendant le long week-end, dans une dizaine de jours ? Le lundi sera congé.

— Bah oui. Pourquoi pas ?

— Super. Je te laisse l'ordi !

Je sors de la salle d'ordinateur. On n'entend pas mes pas, moi non plus. Même rendu dans le couloir, sur le vieux plancher de bois franc qui craque à rien, on n'entend toujours pas mes pieds. C'est que je marche sur un nuage. Si Léonie dit oui, elle sera ici, parmi nous, dans moins de deux semaines. Léonie chez les Renaud, notre petite famille semi-bourgeoise et banale.

Pendant que je lévite dans la salle à manger avec la lettre de Léonie dans une main et la mienne dans l'autre, j'entends la voix moqueuse de ma mère, devant l'écran d'ordi : « Léon, pourquoi la page web montre la France ? Nous as-tu acheté des billets d'avion pour la France pour notre anniversaire de mariage, toi ? Ah, notre fils chéri ! »

16

Carl sort avec Kate Moss depuis quatre jours.

C'est Katy qui est allée vers lui pendant la récré, mardi. Elle a marché vers lui comme si elle déambulait sur un podium très étroit, avec le je-m'en-foutisme de la vraie Kate Moss, et elle lui a tout simplement demandé s'il voulait être son chum. Quel sang-froid ! Je ne sais pas, mais moi, je serais incapable de faire quelque chose comme ça ! Mais la preuve qu'elle a bien fait : mon ami lui a dit « Ben oui, OK, *why not.* »

Présentement, Carl fait des push-ups dans ma chambre. Je regarde les veines de ses avant-bras et les compare subtilement aux miennes. Les non-miennes, devrais-je dire. Quand je ne fais pas d'effort physique, on ne voit rien. Des avant-bras pâles et sans relief. Carl, lui, même au repos, on voit tout un assortiment de veines sur ses avant-bras basanés. Et c'est bien connu : les filles adorent les veines d'avant-bras.

Carl compte les push-ups. Il est rendu à cinquante, alors je ne l'écoute plus. Je fais la sourde oreille par vile jalousie.

Moi, je fais quinze push-ups par jour. Avant, j'en faisais vingt-cinq, mais un jour que Carl me regardait faire, il m'a sérieusement corrigé. Il m'a montré comment bien les faire (écarter davantage les bras, descendre droit comme une barre de fer, se rendre très près du sol plus lentement, etc.). Depuis que j'applique ses consignes, j'ai régressé. C'est un peu dommage. Au bout de quinze push-ups, j'ai les bras morts. Mais Carl trouve ça bien. J'en fais moins, mais je les fais mieux.

J'entends soixante-quinze. Soixante-quinze push-ups? Non, mais il exagère! Je lui fais la conversation pour qu'il arrête.

— Ça va comment avec Kate Moss?

Ça fonctionne. Carl se redresse et s'étale dans mon lit.

— Pas pire, pas pire.

— T'as pas l'air sûr.

— Non, ça va. Elle passe son temps à m'embrasser et à plier du papier.

— Plier du papier?

— Oui. Genre, avec une feuille mobile, elle me fait un oiseau ou un cœur. Ce genre d'affaire.

— De l'origami.

— C'est ça, oui. De l'origami. C'est comme ça qu'elle appelle ça. Elle me donne tout ce qu'elle fait. *Man*, les tiroirs de mon bureau sont déjà remplis de ses animaux pis ses fleurs en papier.

— Pis tu trouves ça *cheap*?

— Non non. Je trouve ça plutôt *cute*. Non, c'est pas son pliage de papier, le problème.

Ça devient intéressant. Il y a clairement anguille sous roche.

— Dis-moi pas que Kate Moss embrasse pas bien?

— Elle embrasse pas pire. Mais je trouve qu'elle a trop de salive. Ça me dérange un peu.

Wow. Katy Mossalim qui a trop de salive. Ça me fait terriblement plaisir que cette fille dédaigneuse ne soit pas parfaite.

— Tu vas la laisser?

— Non, *man*, quand même pas. Elle est trop belle pour ça. Tu fais quoi? C'est une lettre de Léonie?

Je tiens dans mes mains la dernière lettre de Léonie. J'ai dû la lire près d'une dizaine de fois. Carl s'approche de la lettre, comme s'il allait lire, et j'essaie de la cacher un peu. J'ignore pourquoi je fais ça. Elle ne dit rien de personnel, pourtant.

— Oui. Sa dernière. Je l'ai reçue hier.

— Qu'est-ce qu'elle raconte de bon?

— Elle s'en vient ici.

— *Man*, tu me niaises? Pis tu me le disais pas?

— Je le savais pas encore. Elle vient de me le confirmer.

— Combien de temps ici?

— Trois jours.

— Wow. Léonie Beaulieu, trois jours à Saint-Rémi ! On va s'organiser quelque chose les trois ensemble ?

C'est stupide, mais je ne peux pas m'empêcher de voir en Carl un rival.

— Oui oui. On invitera Kate Moss aussi.

Carl fronce les sourcils, indifférent à ma proposition.

— Si je suis encore avec elle à ce moment-là.

Et il rit.

J'éprouve quelque chose qui ressemble presque à de la peine pour Katy. Presque.

Mais pas tout à fait, quand même.

Carl se craque les jointures et ça fait un son du tonnerre.

— Bon. Go, *man.* Je m'y remets.

Il recommence une nouvelle série de push-ups. Moi, je m'enfonce dans ma chaise. Je cache mon poing droit dans ma main gauche et tente de craquer moi aussi mes jointures. Un son léger et timide se fait entendre. Je soupire en silence.

17

Nos parents sont partis pour le week-end à Eastman pour célébrer leur amour qui perdure. Ils vont se faire dorloter. Maman dit qu'elle me laisse entre les mains d'Antoine. C'est ridicule. À quinze ans, je n'ai besoin de personne pour survivre. Je suis autosuffisant.

Néanmoins, Antoine cuisine pour moi ce soir. Je le laisse faire. Il est assurément plus doué que moi en cuisine. Il fait des pâtes avec une sauce pesto aux tomates séchées. L'ail embaume la maison. J'adore l'odeur de l'ail. Je dévore tout ce que contient mon assiette. Je regarde Antoine piquer de sa fourchette une nouille ou deux dans son assiette, avec dédain. Je lui demande s'il trouve que ce n'cst pas assez cuit pour lui, encore (il reproche souvent ça à maman...). C'est pourtant lui, le cuisinier, cette fois. C'est de sa faute seulement. Il n'a personne à blâmer.

— Non, c'est pas ça. C'est que je n'aime pas l'ail.

— Ben, pourquoi t'as fait des pâtes au pesto, d'abord?

— Pour te faire plaisir. Je sais que t'aimes ça. Mais moi, je peux pas. Je suis presque allergique à l'ail. Je suis comme un vampire.

Il dit ça sur un timbre de voix venu de ses ténèbres, au fond de lui. Pour me faire rire. Je souris, plutôt, et lui donne raison : il est pâle, grand et maigre. Et plutôt beau. Il ressemble pas mal aux vampires qu'on voit à la télé.

— Tu pourrais te faire une sauce tomate. Il reste des spaghettis dans la casserole.

— Oui oui. Tantôt. Un vampire, ça mange jamais en public.

— Ça boit du sang seulement, que je lui fais remarquer.

— C'est ça. Quand tu vas sortir de table, je vais aller chez Julie la voisine, pis je vais lui croquer la jugulaire. Miam.

— T'es dégueulasse.

Et il aspire un spaghetti comme s'il suçait le sang des veines de mon poignet. Je lui lance ma serviette de table sur la tête en riant. Il la déplie et s'essuie les commissures des lèvres avec des gestes de dandy, comme s'il y avait du sang. Je rigole de le voir faire. Soudainement, les sourcils d'Antoine se froncent. Il semble intrigué par quelque chose qui se trame de l'autre côté de la fenêtre. Je suis son regard des yeux et vois à la fenêtre un sac de plastique jaune du Tigre Géant s'agitant dans les branches vides de notre érable.

— C'est ben bizarre, ça. Comment il s'est pris là, lui ? se demande Antoine à mi-voix.

— Le vent, Antoine.

— J'imagine, oui. Je vais essayer de l'enlever tout à l'heure. C'est pas très chic, mettons.

Je ne réponds rien à ça. Je ne dis pas que je trouve ça beau, un sac jaune accroché au sommet d'un arbre. Parce que oui, je trouve ça beau, ce que fait le vent dans ce sac obstiné, décidé à ne pas quitter la plus haute branche de notre érable.

Antoine lave rapidement la vaisselle après avoir mis sa portion dans un plat Tupperware.

— Je vais sortir régler ça.

— Régler quoi ?

— L'allure de l'érable. Ça fait dur pas mal.

— Mais qu'est-ce que ça change dans ta vie qu'il y ait un sac dans l'érable ? Il va se déprendre tout seul.

— C'est pas dit qu'il va se déprendre ce soir.

— Pis qu'est-ce que ça fait s'il se déprend pas ce soir ? S'il se déprend demain ?

— Je me connais : je réussirai pas à dormir en paix avec un sac dans l'arbre.

Quoi !? Mais qu'est-ce que mon frère me dit là ?

— Tu me niaises ? Comment ça, tu pourras pas dormir ? C'est quoi le rapport ?

— Ça va affecter ma quiétude.

— Ta quiétude ?

— La fenêtre de ma chambre donne sur l'érable.

— Et… ? T'as juste à tirer les rideaux !

— Ça change rien de tirer les rideaux si je sais qu'il y a un sac du Tigre Géant dans l'arbre. C'est comme fermer les yeux sur ses problèmes, ça ! Je te le dis, je vais mal dormir. Discute pas. Je te demande rien, moi. Je vais aller régler ça tout seul, c'est tout. Essuie la vaisselle, toi. Pis applique-toi donc, pour faire changement. Les verres en vitre ont tout le temps des traces de savon.

— C'est parce que tu les rinces mal !

Antoine-le-facilement-perturbable m'ignore et va dans le portique. Une fois son manteau et ses bottes enfilés, il sort la grande échelle en prenant un soin fou pour ne pas abîmer les murs. Quel bon fils il est, lui ! À m'en refiler des complexes ! Pendant que j'essuie négligemment la vaisselle, je le regarde par la fenêtre installer l'échelle et y grimper précautionneusement pour retirer le sac jaune pris dans notre arbre. Je devrais aller le rejoindre pour maintenir l'échelle, par sécurité. Mais je n'en fais rien. Il ne m'a rien demandé ? Parfait ! Qu'il se débrouille seul !

Je le regarde derrière la vitre. C'est comme si ce n'était pas lui et que la vitre était un écran. Je ne reconnais pas Antoine. Son visage, ce n'est pas tout à fait le sien. Il a les joues et les yeux creux. Il semble malade, affaibli. Le vent va prendre dans son corps. Il va voler tout croche dans l'air comme le sac du Tigre Géant. Il va se rattacher à un autre arbre, chez les voisins. Chez Julie, peut-être? Et c'est moi qui serai pris pour aller le déprendre de là.

Mais il ne s'envole pas. Il retire le sac en grimaçant, parce qu'il est à bout de bras. Il parvient à le détacher, en prenant soin de ne pas le déchirer, comme si c'était quelque chose de vivant et de fragile. Un chaton, par exemple. Il retire le sac délicatement, comme si c'était un chaton apeuré, juché trop haut, incapable de descendre.

C'est à ce moment qu'il voit que je le regarde. Son expression se transforme. Il me sourit, en signe de victoire. Je lui rends son sourire, mais mon cœur n'y est pas. Quelque chose m'effraie chez lui. Et c'est absolument nouveau. J'ai l'impression qu'il me cache quelque chose. J'ai le sentiment très net qu'il ne va pas bien.

Pendant qu'il rentre l'échelle avec sa précaution habituelle, je vais dans le couloir regarder une photo de famille qui date de l'année passée. Je détaille Antoine et je vois bien qu'il n'est plus le même. Quelque chose a changé chez lui.

J'entends sa voix qui résonne dans le corridor.

— Je l'ai eu !

Il jette victorieusement le sac jaune dans le bac à recyclage, lui qui avait été si minutieux pour ne pas le percer.

— Notre arbre va avoir l'air moins ridicule !

— Hum hum. C'est ça.

Antoine ne soupe pas. Il saute le repas. Je m'en rends bien compte. Je fais semblant d'aller dans ma chambre en prétextant une lettre à récrire à Léonie, mais je porte attention à mon frère. Il se terre quinze minutes aux toilettes. Quand il en sort, je retourne dans ma chambre. La voix criée d'Antoine grimpe les marches et résonne jusqu'en haut.

— Je vais commencer un film ! Si ça t'intéresse. Mais je te préviens, c'est un vieux film.

Ô surprise ! Antoine qui regarderait un film des années 50 ? Impossible ! Je le rejoins, faisant mine de laisser ma lettre en plan.

J'entends son ventre gargouiller de temps à autre pendant qu'on regarde un film de l'Ancienne Vague. C'est *Le mépris* de Jean-Luc Godard, avec la belle Brigitte Bardot dans le rôle de la froide Camille, la Megan Fox de sa génération. J'ai regardé sur le net une photo récente de Bardot et on peut dire qu'elle n'est plus ce qu'elle était ! Si Megan Fox devient comme ça, je ne suis pas certain qu'elle sera l'objet de mes fantasmes très longtemps ! Mais bon, je ne suis pas stupide. Je sais bien que vieillir est le lot de tous. Moi aussi, un jour, je vais finir par ressembler à un vieux grand-papa. Carl aussi n'y échappera pas, ce qui me rassure un peu. Vieillir tous ensemble, c'est bien la seule justice, ici-bas.

Le ventre d'Antoine fait encore des siennes.

— T'as pas soupé ?

— J'ai grignoté, tantôt.

— T'as mangé quoi ?

— Des biscuits.

— Quand ça ?

— Pendant que t'étais dans ta chambre. T'es ben bizarre avec ton interrogatoire, toi.

Pourquoi me ment-il ? Je ne comprends pas.

Je lui propose un dessert.

— Tu veux un Jos Louis ? Je vais m'en chercher un.

— Non, mais si tu peux me rapporter des raisins rouges, j'apprécierais.

Antoine fait pause sur la télécommande du lecteur DVD pendant que je vais à la cuisine. J'en reviens avec une généreuse grappe de raisins dans un bol. L'image figée est sur Bardot, la bouche boudeuse, ultra sexy.

— Je les ai rincés.

— Wow. C'est pas mal fin.

— T'as fait le souper, c'est la moindre des choses.

Pendant que *Le mépris* redémarre, je regarde mon frère du coin de l'œil. Il égrène sa grappe comme si chaque raisin était une bille de chapelet. Il est précis, méthodique. On jurerait qu'il n'a pas faim. Quelque chose cloche assurément avec lui. C'est violent à quel point j'ai cette impression, ce soir.

— Tu vas finir le film, Antoine ?

— Oui, pourquoi ?

— Je vais aller finir ma lettre à Léonie. Finis le film sans moi.

— Tu trouves pas Brigitte Bardot assez belle ?

— Oui, mais je trouve qu'elle joue mal.

Antoine rit, comme si je ne connaissais rien à l'art. J'en profite pour me faufiler dans sa chambre, à l'étage. Je ne sais pas ce que je cherche, mais je désire trouver quelque chose. Je passe en revue toutes les étagères. Pas de poussière, pas de trace de désordre. Tout est à sa place. Si je déplace quelque chose, il risque de s'en apercevoir. En bas, j'entends toujours la voix méprisante de Brigitte Bardot. Antoine ne bouge sans doute donc pas, rivé devant l'écran, peut-être en train de dédaigner chaque raisin de la grappe. J'ouvre délicatement le tiroir de son bureau et tombe sur un genre de journal intime. Tiens, tiens. J'ignorais qu'Antoine tenait un journal. Je feuillette le livre. Je lis un passage au hasard.

J'ai dix-huit ans et je n'ai toujours pas aimé, mais ça viendra. Ça viendra. Quand ce sera mon tour d'aimer, mon amour sera déchaîné. Les garde-fous ne me retiendront pas. Ni les parapets ni les agents de sécurité. Je rattraperai le temps perdu en un rien de temps et je prendrai même de l'avance en stockant le maximum de caresses. Je ferai des provisions pour le moment où on me laissera, car on me laissera, ça va de soi. On me laissera, car mon amour sera déchaîné, et on n'accepte jamais ça.

Je suis très surpris par ce que je lis. Antoine, si contrôlé dans la vie, camouflerait un autre Antoine ?

Je parcours le journal, constitué de petits fragments d'idées. Pas de réel aveu, rien de précis. Ce n'est pas vraiment un journal, en fait. Jamais je ne vois mon nom, pas plus que ceux de nos parents. Je suis un peu déçu. J'aurais aimé lire ce qu'il pense de moi. S'il me méprise un peu, comme Brigitte Bardot méprise son mari dans le film de la Nouvelle Vague qui sévit au salon.

Mais au-delà de ce qu'il écrit, ce qui m'intrigue, c'est la façon dont il écrit. Un vrai graphologue porterait attention à la calligraphie, d'abord et avant tout.

J'ai peut-être mal analysé son écriture, l'autre jour ? Peut-être que mon petit livre sur la graphie n'est pas assez précis ? C'est un petit livre, presque une plaquette. Il doit tourner les coins ronds.

Et si je l'analysais plus sérieusement? Comme un vrai graphologue?

Demain matin, j'emprunterai d'autres livres à la bibliothèque. De très gros livres volumineux, comme le dictionnaire d'Antoine que je prends pour me gonfler les biceps. Avec mes livres sérieux de graphologie, je percerai le mystère d'Antoine Renaud, mon frère.

18

Les livres sur la graphologie que j'emprunte à la bibliothèque sont lourds et sentent le vieux. C'est parfait pour me donner l'allure d'un vrai graphologue. Je passe la matinée à lire. J'apprends des choses formidables.

L'écriture est le reflet de ce que nous sommes. Tous les gros livres que j'ai sélectionnés le mentionnent. On y dit partout qu'il est possible de connaître le caractère du scripteur en fonction de la forme, la dimension et l'espacement des lettres, de la pression sur le crayon, de la vitesse et la direction de l'écriture.

En technique policière, on peut se servir de la graphie pour identifier une personne. Notre écriture, c'est comme une empreinte digitale laissée sur la scène d'un crime.

Dans un de mes livres, on traite de l'affaire Omar Raddad. En 1994, Raddad a été condamné à dix-huit ans de prison pour le meurtre de sa patronne, Ghislaine Marchal, une riche veuve de soixante-cinq ans. Ce qui avait mis les enquêteurs sur la piste du jardinier marocain de madame Marchal était ceci : près de son cadavre se trouvait une inscription en lettres de sang : « OMAR M'A TUER » (avec la faute de participe passé à la fin, car en principe, ce serait « tuée »).

Omar a finalement fait huit ans de réclusion criminelle, bien qu'il ait toujours clamé haut et fort son innocence.

La graphologue de mon livre, Laurence Rateau (tu parles d'un nom de famille, quand même !), a analysé les lettres en sang, écrites soi-disant par la victime, et les a comparées avec la véritable écriture de madame Marchal. Elle est convaincue que, avec 96,3 % de discordance entre les lettres, l'écriture des inscriptions sanglantes n'est pas celle de la victime. Madame Marchal ne serait pas l'auteure du célèbre « OMAR M'A TUER ». Heureusement pour elle, car ça doit être gênant de mourir en faisant une telle faute d'accord de participe passé !

C'est tout de même intéressant, ce que peut apporter la graphologie ! Bon, OK, le jardinier marocain n'a pas été totalement gracié par la justice, mais au moins, aux yeux de plusieurs experts, il a été jugé innocent !

Il ne me reste plus qu'à me servir de cette science à mon tour et cerner ce qui cloche chez mon frère.

J'attends qu'Antoine parte au club vidéo pour m'immiscer à nouveau dans sa chambre et lui subtiliser son étrange journal. C'est nouveau pour moi. Je n'ai pas été le genre de petit frère à fouiller dans les affaires de son grand frère. Mais là, c'est différent. Quelque chose chez Antoine m'échappe et je veux percer son mystère.

Dans un des livres de Rateau, *Votre écriture parle*, Ania Teillard prétend même que l'écriture « reflète le sexe psychologique et non le sexe physiologique ».

Je regarde de plus près l'écriture d'Antoine. Ce n'est pas particulièrement masculin, son affaire. C'est féminin, je dirais. Malgré son aspect anguleux, son maniérisme, sa netteté et sa délicatesse en font foi.

Se pourrait-il que mon frère soit homosexuel ? Il n'a toujours pas eu une seule blonde et il n'est pas laid du tout. Au contraire. Aucunement musclé, oui. Voire maigre, oui. Mais il est beau. C'est tout de même curieux qu'il soit encore célibataire. Bon, moi non plus, à vrai dire, je n'ai jamais eu d'amoureuse, mais moi, c'est que je n'ai pas trouvé la bonne. Et si jamais je l'ai déjà trouvée, je crois qu'elle n'est pas dans la bonne ville. Et moi, j'ai quinze ans. Antoine en a dix-huit. À dix-huit ans, il me semble que la plupart des gars ont sorti avec au moins une fille, non ?

Mais bon, à supposer qu'il serait homosexuel, je vois mal pourquoi il mangerait de moins en moins. Ou pourquoi son estomac est aussi capricieux.

Je lis quelques textes du court journal d'Antoine. Rien n'est précis. Tous les textes sont vagues, poétiques et philosophiques. Mais il ne nomme personne et ne parle nulle part de sa possible homosexualité. Il ne parle pas d'un amoureux, ni même d'un simple petit fantasme.

Tout ce que j'ai à analyser pour percer le mystère de mon frère, c'est sa calligraphie. Je décortique le tout pendant une bonne partie de l'après-midi. Même quand Antoine revient du club vidéo. Je me barricade dans ma chambre à décoder son écriture pendant qu'il regarde *Une femme est une femme*, un autre film de son cher Godard (un réalisateur que je n'aime pas spécialement depuis que j'ai cogné des clous sur son *Pierrot le fou* au bout de dix minutes).

La première loi de l'écriture, c'est que le système nerveux influence directement le geste graphique. Les autres me semblent moins intéressantes, donc je me concentre exclusivement sur cette loi cruciale. Mais c'est comme si l'écriture d'Antoine n'était pas réellement spontanée. D'accord, il y a quelque chose de féminin, mais c'est tout. Comme s'il essayait de tout contrôler et de brouiller les pistes. Comme un criminel qui essuie ses empreintes, après un meurtre. Comme s'il savait qu'il allait être l'objet de mon enquête. J'ai un frère intelligent. Ça, c'est indéniable.

Mon étude très poussée ne révèle rien de nouveau. Ça confirme seulement que mon frère cherche à tout contrôler. Mais c'est tout. Rien de plus. Pas de découverte troublante. Il est peut-être homosexuel, mais je ne peux pas en être convaincu, comme la graphologue, madame Rateau, avec le cas d'Omar Raddad. De toute façon, je ne vois pas bien ce que je voulais obtenir en étudiant ainsi sa graphie. J'ai seulement l'impression d'avoir perdu ma journée.

Finalement, je ne suis pas sûr du tout que je vais devenir un bon graphologue.

19

J'erre dans la maison. Je vois un peu flou parce que j'ai retiré mes lunettes, question de look. Antoine est au salon et mes parents sont au travail. Et Léonie Beaulieu devrait arriver d'une minute à l'autre. Je fouille dans le panier à fruits et choisis une pomme. Je prends une seule bouchée, très lentement. Je veux que Léonie me voie ainsi, sans lunettes, croquant dans une pomme entière. Je trouve l'image belle et je veux que ce soit celle qu'elle se fera de moi : un gars sain, équilibré. Il me semble que c'est ce qu'évoque un gars de quinze ans entamant une grosse Granny Smith. Je patiente avec ma pomme entamée à un seul endroit. Une petite tache blanche sur la pomme verte. C'est beau à voir, mais Léonie n'arrive toujours pas. La chair de ma Granny se met à brunir. Mon image de gars sain et équilibré prend peu à peu le bord. Je prends une minuscule nouvelle mordée à toutes les cinq minutes, question de blanchir la chair de ma pomme.

Quand la sonnette d'entrée finit par retentir, j'en suis au trognon. Il n'y a plus rien de sain dans ce portrait. Ne reste qu'un résidu de pomme, sorte de présage de mon appétit vorace. Je jette donc le trognon bruni (ça vaut mieux, car l'image est ruinée) et me rue à la porte.

Léonie est sur le perron de ma maison. Comme le facteur quand il apporte une de ses lettres. Je la regarde par l'œil magique. Elle est mieux qu'une de ses lettres. Elle est mieux que le facteur ! Elle cogne à la porte et j'ai seulement en tête cette odeur unique, ce curieux mélange de chocolat et de cuir. L'odeur de ses lettres minutieusement stockées. Elle est là, tout près. Une porte nous sépare. En collant le nez contre cette porte, je peux presque la sentir. Non. Honnêtement, je ne peux pas vraiment. Faut dire que notre porte d'entrée est très massive. Je l'ouvre, cette lourde porte. Elle est là devant moi. Léonie. Là. Sur le perron. De chez moi. Sur ma rive sud à moi. J'inspire, comme si j'allais parler. Mais c'est pour la sentir. Prendre une bouffée d'elle. Elle ne sent pas le chocolat, encore moins le cuir neuf. Elle sent quelque chose de fruité et rafraîchissant. Comme sa calligraphie enthousiaste. Léonie est conforme à sa manière d'écrire.

— T'es comme sur tes photos. Pareille pareille…

— Toi, pas tout à fait !

J'angoisse un peu, alors qu'elle désigne ma lèvre supérieure. Je prie Dieu ou peu importe ce qu'il y a en haut pour qu'elle n'ait pas remarqué le léger duvet qui apparaît sous mon nez. C'est profondément gênant, les débuts de moustache. Presque autant que des pellicules sur une épaule. Elle passe deux doigts près de mes lèvres et retire quelque chose de mon visage. C'est un pépin de pomme. Pour un gars qui désirait projeter l'image d'un gars sain avec sa grosse Granny Smith, c'est totalement foutu.

— Oups.

Léonie rit frais comme son parfum.

— Là, je te reconnais !

Elle est magnifique dans son *skinny* jeans. Un jeans avec de l'usure artificielle. Elle est absolument à la mode, dans son manteau d'hiver bien coupé. Je pourrais me sentir trahi, mais je me sens seulement ridicule. Très très ridicule dans mon pantalon propre et mes bretelles noires.

Nous nous regardons un moment sans nous parler. C'est assez unique comme moment. Nous nous connaissons si bien et en même temps si mal.

Je regarde dans la cour, intrigué.

— Ton père est pas là ? Il est déjà reparti ?

— Ben oui, il m'a déposée à la va-vite. Il a rendez-vous à Montréal dans vingt minutes. Il avait à passer dans le coin de toute façon.

— Tant mieux. Mais… il est pas peureux de laisser sa fille chez des étrangers ? Je pourrais être un vieux pervers…

— Tu pourrais. Il a pris une chance.

Nous nous sourions. Un ange passe. C'est une expression de ma mère (et une chanson pop bonbon d'Annie Villeneuve!) pour dire qu'un silence s'installe. J'aime bien l'image.

— Qu'est-ce que tu veux faire? que je finis par dire, à court d'idées et de vocabulaire.

— Ce que tu veux; on est chez toi.

— Tu veux manger une pomme?

Léonie rit différemment. Son rire est subitement gras comme celui d'une madame costaude.

— Euh...? Ben, OK!

Je sens qu'elle est surprise de mon offre. Il y a de quoi. Manger une pomme: quel projet con!

— T'aurais préféré autre chose?

— As-tu des saucisses?

— Des saucisses à hot-dog?

— Ouiii!

— On doit en avoir un paquet, oui. Tu voudrais que je t'en cuise une?

— Non, je les mange crues!

— C'est pas mauvais pour la santé, ça?

Le rire gras de Léonie retentit à nouveau.

— Pas plus que cuites, coco!

Que mon amie épistolaire me traite de coco me fait terriblement plaisir. J'ignore pourquoi, mais j'en rougis presque. Je suis son coco. Il me semble que c'est affectueux, un coco.

Je donne une saucisse crue à Léonie. Elle la dévore en trois bouchées. Elle mastique comme une carnivore confirmée. Je me trouve ridicule d'avoir cherché à l'émouvoir avec ma pomme.

— Hum... Bazwel que c'est bon !

Je trouve ça rassurant d'entendre le même patois que dans ses lettres. J'ai l'impression de la reconnaître.

— T'aurais pas préféré un hot-dog à la place ?

— Non, non.

— Tant mieux. On va souper dans une heure trente à peu près. Quand mes parents vont revenir du travail.

— Je peux avoir une autre saucisse ?

— Bien sûr ! T'es une vraie carnivore, toi !

— Mets-en !

Pendant que Léonie engloutit sa seconde saucisse, elle me regarde en souriant. J'en fais autant. On ne se dit rien, mais ce n'est pas désagréable. On dirait qu'elle lit en moi.

— Je peux en avoir une troisième, coco ?

— Hum, hum.

Elle se sert dans le frigo. Je la regarde faire en souriant béatement. J'espère que ma mère n'avait pas prévu faire des hot-dogs ce soir, parce qu'à ce rythme, il ne restera aucune saucisse.

— Tes toilettes sont où ? J'ai fait une longue route !

— Mais oui ! C'est juste ici !

Léonie avale sa troisième saucisse et en garde une dans sa main. « Pour plus tard », qu'elle dit. Je regarde la porte de la salle de bains se refermer.

— C'est normal que ça se barre pas?

— Oui. Il est arrivé un petit accident avec le verrou. On va le réparer bientôt. Je vais surveiller pour que personne entre. Inquiète-toi pas.

— Je m'inquiète pas, non plus. Je fais pipi assie. Si quelqu'un entre, il verra pas grand-chose.

Et j'entends à nouveau son rire gras derrière la porte. En temps normal, je ne serais pas spécialement charmé par ce genre de rire. Mais il provient de Léonie. Alors c'est un rire magnifique.

J'attends patiemment de l'autre côté de la porte. J'écoute ses mouvements. Le son du rouleau de papier de toilette qui déroule sur son socle. Celui de la chasse d'eau. Celui du robinet et de ses mains qui modifient le débit du jet d'eau dans le lavabo en céramique. Celui de ses mains se séchant contre une serviette. Celui d'un tiroir qu'elle ouvre (fouille-t-elle dans les brosses à cheveux de ma mère?). Celui de la porte de la pharmacie (fouille-t-elle dans les médicaments?). Celui du couvercle de la malle à linge sale (fouille-t-elle dans nos vêtements sales?).

Elle sort, souriante. Je pense qu'elle mâche de la gomme, mais réalise qu'elle mâchouille le reste de sa quatrième saucisse hot-dog. Elle ne dit rien, mais regarde mon frère au salon, derrière la porte vitrée. Elle est intriguée. Elle s'y rend, pousse la porte battante comme si elle était chez elle. Je la suis, léchant son ombre.

— Salut, je suis Léonie !

Elle se présente à mon frère avec une telle désinvolture ! C'en est admirable. Mon frère lui sourit et lui désigne une place sur le divan. Léonie ne se fait pas prier très longtemps et s'y assoit. Je me sens un peu con, le seul, debout, alors je les rejoins sur le sofa, après être allé chercher mes lunettes laissées quelque part sur la table d'entrée. Léonie ne passe heureusement aucun commentaire quand elle me voit les enfiler sur mes oreilles.

À l'écran, une fois de plus, c'est *Jules et Jim*. Nous regardons silencieusement les trois amis courir sur le pont.

— La madame sourit à l'envers ! remarque Léonie.

— Qui ? demande Antoine sans quitter l'écran des yeux.

— La madame à l'écran. Elle sourit à l'envers !

— C'est Jeanne Moreau. Une grande actrice française. Elle sourit pas à l'envers, rit mon frère, l'air de dire que mon amie ne connaît rien à rien.

Léonie se lève et va tapoter l'écran avec son index pile à l'endroit où se trouve le sourire triste de cette Jeanne Moreau.

— Regarde sa bouche. Elle tombe dans son menton.

— Mais non.

Elle vole la télécommande à mon frère et recule le DVD. Puis elle fait pause.

L'image figée est sur Jeanne Moreau, le sourire à l'envers. Antoine s'approche de l'écran, bouche béate, l'air de découvrir un nouveau continent.

— Mais c'est vrai ! T'as raison.

— Certain que j'ai raison ! Elle doit être malheureuse, propose Léonie.

— Pourquoi, malheureuse ?

— Moi, je serais malheureuse de sourire à l'envers !

Et Léonie sourit. Son sourire à elle est parfaitement à l'endroit.

Mon frère, Christophe Colomb, se rassoit, découragé. Sa vie ne sera plus la même.

Léonie appuie sur *play*. Ça m'a bien l'air que ce sera notre première activité, à tous les deux. Regarder un film de la Nouvelle Vague avec mon frère, tous les trois bien calés dans le sofa.

Disons que ce n'est pas précisément ce que j'avais prévu.

20

On mange tous ensemble. Mes parents sont impressionnés par la férocité de l'appétit de Léonie. Moi aussi. Je me disais qu'avec les cinq saucisses à hot-dog qu'elle avait avalées à son arrivée (elle est allée se chercher une cinquième saucisse pendant *Jules et Jim*), elle aurait été pleine. Je prévoyais qu'elle ne toucherait presque pas à son assiette, comme Antoine. Eh bien non, elle termine son assiette et se propose pour terminer celle de mon frère. Ça amuse beaucoup mes parents, ce comportement libéré. Cette évidente absence de gêne.

— T'as de l'appétit. C'est beau à voir, remarque ma mère.

— J'aime tellement manger !

— Je le prends comme un compliment.

— J'espère ! Bazwel que votre bouffe est exquise, madame Renaud !

— Appelle-moi Nathalie.

— Votre bouffe est exquise, Nathalie !

Ma mère rit. Elle est déjà charmée par mon amie. Mais ça ne se compare en rien à la réaction de mon père qui épie ses moindres faits et gestes, comme si une extraterrestre était débarquée dans sa maison.

— Être si petite et manger autant. Tu dois avoir un très bon métabolisme, qu'il lui fait remarquer.

— Un excellent ! Je tiens ça de mes parents. Ils sont petits eux aussi. Les deux.

— Ils font quoi dans la vie ? interroge-t-il.

— Mon père est missionnaire en Afrique et ma mère est une ancienne criminelle. Elle braquait des banques en France. Elle a refait sa vie ici en tant que coach de boxe féminine.

Ma mère dépose le dessert au centre de la table : une tarte aux bleuets achetée chez le pâtissier.

— Assez atypique ! décrète mon père.

— Oui, j'ai pas une mère spécialement conventionnelle...

— C'est le moins qu'on puisse dire !

Mon père jubile en écoutant Léonie, alors que ma mère découpe la tarte et en sert à tout le monde, sauf à Antoine, naturellement. Antoine qui est toujours aux toilettes.

— Mes parents viennent de divorcer, par contre.

— Oh, désolée, lance ma mère, en lui tendant sa part de tarte.

— Non, c'est mieux ainsi. Ils ne s'aimaient plus ! Ma mère est retournée en France.

— Elle va peut-être recommencer à braquer des banques là-bas ? ironise mon père.

— C'est fort possible, ricane grassement Léonie.

Je cherche à m'immiscer dans la discussion.

— Léonie revient tout juste de la France. Elle y a passé une semaine, dis-je, fier, comme si Léonie était mon enfant et qu'elle avait remporté un premier prix dans un concours d'art oratoire.

— Quel coin de la France ? questionne ma mère.

Je réponds pour elle.

— Nantes.

Ma mère passe proche de s'étouffer avec sa bouchée.

— Nantes ?! Mais c'est dans cette ville-là qu'on a fait notre voyage de noces !

Mon père se rappelle subitement.

— C'est ben trop vrai, c'était à Nantes. Nathalie et moi, on avait choisi Paris, mais au bout de deux jours, on a trouvé ça plate. Il y avait ben trop de touristes.

— Oui. C'était fou. On s'y sentait pas bien. Ni Bruno, ni moi. C'est une ville qui sent l'urine, je trouve. Pis les gens sont un peu bêtes. Ça fait qu'on a décidé de changer de ville. Sur un coup de tête, hein, Bruno ?

Mon père sourit, rempli par le souvenir.

— Pis vous avez choisi Nantes ? Mais pourquoi Nantes ? que je demande, fasciné par les révélations de mes parents et cette drôle de coïncidence.

Ma mère fronce les sourcils. Elle fouille dans sa mémoire.

— Je pense que c'était parce que ton père lisait Jules Verne.

Je tombe en bas de ma chaise. Je ne peux pas m'imaginer mon père avec un livre dans les mains. Ça ne se peut pas, on dirait.

— Papa, tu lisais Jules Verne ?

Mon père se souvient à son tour.

— C'est vrai, Nathalie ! Je lisais tout le temps un des livres de Jules Verne. Je sais même plus lequel.

— Je m'en rappelle très très bien : *Le tour du monde en quatre-vingts jours* !

— C'est ça ! *Le tour du monde en quatre-vingts jours* ! C'est ben trop vrai !

— Justement, tu avais mis à peu près quatre-vingts jours pour le lire, ce livre-là !

Mon père n'est même pas insulté. Il semble fier.

— Peut-être, mais je l'ai lu au complet ! Pis c'est un gros livre !

— Tu l'avais fini à Paris ! Ça m'avait fâchée, d'ailleurs, que tu traînes ton livre pour ton voyage de noces. Comme si j'étais pas assez intéressante !

— Toujours est-il que j'avais lu à l'envers de la couverture du livre que Jules Verne était né à Nantes. On se cherchait une autre ville, pas trop loin de Paris. On a pris le train pis on a atterri à Nantes ! Aussi simple que ça.

Ça me fait tout drôle de voir mes parents aussi désinvoltes. Je ne peux pas les imaginer changer de voyage de noces sur un coup de tête, eux qui sont tellement réfléchis. Et les voir nostalgiques de ce souvenir, vieux de dix-neuf ans, ça a quelque chose d'émouvant. Ma mère, tout particulièrement, est rêveuse.

— Bruno, tu te rappelles-tu ? Il y avait un magnifique Jardin des plantes. On a passé nos journées à nous y promener.

— Nathalie était jalouse de voir autant de plantes vivre comme ça. Déjà, à l'époque, elle tuait tout ce qui était végétal.

Ma mère ne relève pas l'insulte et se tourne vers ma correspondante.

— Tu y es allée, Léonie ? Au Jardin des plantes ?

— Non…

— Ah, dommage ! C'est si beau. Il y avait un magnolia magnifique qui datait du XIXe siècle !

— T'exagères, Nathalie.

— J'exagère pas pantoute ! C'était écrit ! Moi, je lisais les panneaux ! C'était tellement beau. Tout le jardin en style victorien avec ses belles pelouses et les beaux plans d'eau. C'est un des plus grands jardins botaniques en France ! Pas aussi grand que celui de Montréal, mais il est quelque chose ! C'est dommage que t'aies manqué ça, Léonie ! Ta mère aurait dû t'obliger à y aller !

Je prends la défense de mon amie.

— Elle va y retourner, à Nantes, maman. Elle va pouvoir y aller dans ton fameux Jardin des plantes !

Léonie ne dit rien. Sans demander la permission (c'est que c'est une fille qui se sent rapidement à l'aise), elle se sert une deuxième pointe de tarte.

— Bazwel, Nathalie, mais vous êtes une excellente pâtissière !

Mon père et moi rions. Ma mère aussi rit. Si Antoine était avec nous, il rirait lui aussi. Ma mère fait autant de bonnes pâtisseries qu'elle a le pouce vert. C'est-à-dire qu'elle est terriblement mauvaise. Elle tue accidentellement ses gâteaux et ses tartes comme elle tue ses plantes. Alors, au même titre que les plantes artificielles lui conviennent mieux, elle a compris qu'il n'y avait qu'une solution : le pâtissier d'une petite boutique spécialisée. Ce n'est pas trop cher et ça goûte maison.

— C'est pas de moi. C'est mon pâtissier. Monsieur Tousignant.

— Ah, ben d'abord, bravo, monsieur Tousignant !

— Je lui dirai, rigole ma mère.

Je suis content : mes parents aiment mon amie.

— Tu veux la dernière pointe, Léonie ? demande mon père.

— J'en ai déjà pris deux.

— T'as un bon métabolisme, que tu nous as dis.

— Mais Antoine en a même pas eu une pointe !

— Antoine mange jamais de dessert. Il surveille sa ligne, lui, plaisante mon père.

— Il sait pas ce qu'il manque, dit Léonie, en se servant la dernière pointe de tarte aux bleuets, devant les yeux captivés de mes parents.

Pendant que mon amie l'ogresse dévore son morceau, ma mère revient à la charge, avec la ville de naissance de Jules Verne.

— J'ai lu que ça bougeait beaucoup là-bas, présentement ? Non ?

— Où ça ?

— À Nantes. Il y a un artiste qui aurait créé un éléphant géant, en bois et en métal. Un gros pachyderme mécanique !

— Euh. C'est possible. Mais je l'ai pas vu.

— Ce serait sur l'île, que j'avais lu.

— C'est possible.

— Ça a l'air très beau. J'ai vu le projet dans un magazine. Il compte construire plusieurs autres machineries sur l'île. D'autres animaux, je pense. En photo, déjà, c'est très impressionnant. Les Nantais étaient tout petits, sur l'éléphant ! Ta mère t'en a pas parlé ?

— Non.

— Ah.

Ma mère semble déçue. C'est clair : elle était si fière de s'être tenue à jour sur la ville de son voyage de noces. Mon père défend la mère de Léonie.

— Sa mère devait être trop occupée à planifier son prochain vol de banque !

— Sans doute, oui, dit Léonie, le coin des lèvres bleu.

Antoine, qui a tout manqué, revient des toilettes pendant un petit silence. Il en profite pour questionner Léonie.

— Que font tes parents dans la vie ?

Mon père lui clôt le bec.

— Si tu ne passais pas ta vie aux toilettes, tu le saurais, comme nous, *bazwel* !

21

Dans ma chambre, je questionne mon amie. Pourquoi ne m'avait-elle rien dit des métiers inusités de ses deux parents? D'ailleurs, je sens une petite incongruité dans son discours du souper.

— Mais tu m'avais pas écrit que ton père était médecin?

Léonie fronce les sourcils un moment. Mais c'est un froncement très bref.

— Oui, il l'est. C'est quoi le problème?

— Tu viens de dire à mes parents qu'il est missionnaire.

— L'un n'empêche pas l'autre, coco! Il fait les deux. Il a pris une pause à son hôpital pour aller faire sa part en Afrique. Soigner des Africains…

— Mais tu m'avais écrit qu'il avait peur de l'avion, depuis le crash. Non?

— Oui, pis?

— Comment il fait pour se rendre en Afrique? Pas en bateau, quand même?

Léonie sourit. Ma remarque l'amuse beaucoup, c'est évident.

— Bazwel… Mais faut pas croire tout ce que je dis. Ou tout ce que j'écris, coco.

Et elle laisse échapper un bref rire gras de femme costaude.

Je la regarde, incrédule. Je la cerne profondément mal. Que veut-elle dire au juste ? Qu'il lui arrive de mentir, ou quoi ?

Léonie me dit la vérité sur ses lettres, sur ses paroles, sur elle.

— Je vais être franche tout de suite, Léon : il m'arrive d'enjoliver légèrement ma vie. J'invente des toutes petites affaires, pour rendre ma vie plus excitante. Je te le dis, parce que je t'aime bien. Je préfère être honnête avec toi.

— Tout ce que tu m'as écrit, c'est faux ?

— Ben non ! C'est vrai, coco ! En fait, c'est vrai, en partie. Il y a du vrai et du faux. Le faux est inspiré du vrai. Le faux de ma vie aurait pu être vrai. Tu comprends ?

Elle est un peu dure à suivre.

— Ta mère est partie vivre à Nantes ?

— Non. Elle est toujours avec nous, à Lévis.

— Donc, tu reviens pas de Nantes ?

— Je suis jamais allée à Nantes. Pas plus qu'en France.

— Ah.

— Mais attention, c'est vrai que ma mère vient de Nantes !

— Ta mère a jamais braqué de banques, hein?

— Non. Mais elle a déjà volé des bananes au supermarché. En fait, elle en mange une chaque fois qu'elle fait l'épicerie et cache la pelure, quand c'est le temps de payer. Elle la paie jamais.

— OK. On est loin de la grande criminelle...

— Non, mais elle adore lire des histoires de criminelles. Genre Monica La Mitraille, Calamity Jane, Bonnie Parker, la fille de Bonnie and Clyde...

— Ah, je vois.

Léonie me sourit comme si tout ça était un jeu et que c'étaient des révélations infiniment banales. Je ne suis pas tout à fait du même avis. Je ne la connais pas, cette fille. J'ai une étrangère devant moi. Mais OK: une splendide étrangère.

— Et tes parents, ils s'aiment plus?

— Ça dépend des jours. J'en ai mis un peu, je pense. Ils ont des hauts et des bas, comme tout le monde.

— Tu pensais ce que tu m'as écrit?

— Sur quoi?

— Sur moi, mettons.

— Je pense tout ce que je t'ai écrit, coco!

Je pousse un long soupir et prends un petit temps pour moi. Pour me ressaisir.

— Je devrais t'en vouloir, mais je suis soulagé. Ça se peut pas, une vie folle comme la tienne. Ça me soulage, oui.

— Ma vie est tellement plate ! J'ai voulu lui donner un petit quelque chose. Un petit *oumf*! Je me voyais pas écrire des banalités dans mes lettres…

— On a tous des vies plates, Léonie.

— Ouin. T'as sans doute raison. Tu me pardonnes ?

— Évidemment.

Léonie m'ouvre les bras. Elle m'accueille, c'est clair. J'approche vers elle pour lui faire un câlin. Elle me donne un bec dans le cou. Je ressens une petite décharge électrique dans mon corps, comme si ses lèvres étaient pleines de statique.

— Tu portes des lunettes depuis longtemps ?

— Un an.

— T'en portes pas sur les photos que tu m'as envoyées.

— Je les enlève tout le temps quand on me photographie. Pis je les porte pas si souvent que ça.

— Tu devrais pas, c'est *cute*, des lunettes. Mais j'avoue que c'est beau sans aussi.

Je souris comme une collégienne. Je m'en veux. J'en veux à ma gêne, au rouge qui colore assurément mes joues, présentement.

Léonie retire mes lunettes, pour confirmer ce qu'elle avance. Je vois soudainement flou, mais ce n'est pas une question de myopie.

C'est parce que je suis trop nerveux. Je voyais déjà un peu flou avec mes lunettes.

— « T'as de beaux yeux, tu sais ? »

— Ah, c'est gentil, que je lui dis.

— C'est dans un film ! Un vieux vieux film, en plus !

— Quoi ?

— « T'as de beaux yeux, tu sais ? » Tu demanderas à ton frère. La réplique qui suit, c'est quelque chose.

— OK. Je vais lui demander. Un film avec Jeanne Moreau ?

— Non. Une autre vieille actrice française qui lui ressemble. Mais qui sourit à l'endroit.

— Ah.

— Tu me vois bien ?

— Oui, pourquoi ?

— Je montre combien de doigts ?

— Quatre.

— Pis là ?

— Deux.

— Et si je fais ça avec mes mains, tu vois quoi ?

— Un oiseau.

— Ça ?

— Un cœur.

— Vous avez une très bonne vue, monsieur, que me dit Léonie, jouant à l'optométriste.

— Je suis pas si myope que ça.

— Vous n'avez plus besoin de vos lunettes. Vous êtes guéri.

— Quand même pas. Mes lunettes m'aident un peu. Du fond de la classe, je vois pas bien au tableau.

— Vous êtes guéri, j'ai dit !

— Ah. Ben, merci.

— Il faut que tout le monde voie vos beaux yeux bleus.

— En fait, ils sont vairons.

— Vairons, c'est quoi ça ?

— Pas de la même couleur. Mon iris droit est bleu, l'autre est vert.

Et en un instant, Léonie semble totalement passionnée par mes iris. Elle fouille dans mes yeux avec les siens, comme si elle y cherchait quelque chose. On dirait qu'elle compte déchiffrer quelque chose de secret, tapi en moi. C'est très gênant.

— T'as vraiment de beaux yeux, tu sais ?

— C'est gentil.

— Ils sont fascinants.

Pendant que Léonie fait son travail d'ophtalmologiste en pâmoison, je perds mon sourire de collégienne et je me mets à sourire virilement, comme un vrai garçon. Je me sens unique comme Carl avec son ambidextrie. Au fond, je suis ambidextre moi aussi, par la couleur des yeux. Ça n'a rien de banal.

Léonie passe soudainement son doigt sur mon visage, à l'arête de mon nez. J'ai peur qu'elle trouve que mes deux sourcils se rapprochent trop.

— Tes lunettes doivent être lourdes.
— Non. Comment ça?
— T'as une marque, ici.

Elle caresse mon stigmate de lunettes pendant une minute, sans rien dire. Comme un genre de massage. Comme si elle appliquait un onguent magique qui allait effacer ma cicatrice. C'est long, une minute, quand on se fait caresser un endroit qu'on ne juge pas spécialement excitant. Elle me fait penser à ma mère qui se complaît à caresser avec patience et tendresse une simple marguerite au parc. Qu'est-ce qu'elle peut bien trouver à cette marque sur mon visage?

Il se passe quelque chose d'inattendu, mais de bienvenu: Léonie pose ses lèvres sur l'arête de mon nez et y dépose un baiser réparateur. Quelque chose de tendre et de maternel. C'est très déstabilisant, ça, se faire embrasser l'arête du nez. Ça veut dire quoi? Une invitation pour que je l'embrasse à la bonne place? Sur les lèvres? Une obligation? S'attend-elle à ce que je jette le contenu de ma table de travail à terre, comme dans les films, et que je la soulève? Que je lui pose les fesses sur mon bureau pour mieux l'embrasser? Je jette un coup d'œil rapide à ma table de travail. C'est flou, mais je discerne trois, quatre livres, deux cahiers, des lettres de Léonie, plein de crayons, mon réveille-matin et un verre d'eau en vitre. Si je jette le contenu de ma table de travail à terre, je risque de faire tout un gâchis. Le verre en vitre va se casser et je vais me couper. L'eau du verre va se déverser sur le réveille-matin, et Léonie va certainement s'électrocuter, tout en se piquant violemment la fesse sur la pointe aiguisée d'un de mes stylos ou sur les dents de la fourchette qui me sert à me gratter la tête. Elle va me mourir dans les bras, la fourchette plantée dans la fesse, de la fumée s'échappant de sa tête, pendant que je vais tenter d'arrêter le saignement de ma main sur le verre éclaté. Elle va me mourir entre les mains avant même que je l'aie embrassée. Je me connais.

Alors je ne fais rien. Je me laisse faire.

— « T'as de beaux yeux, tu sais ? »

— Merci.

— C'est dans *Le quai des brumes*. Un film que mes parents adorent. C'est le monsieur qui dit ça à la madame.

— OK.

Je vois tellement pas où elle veut en venir.

— Pis la madame répond quoi, d'après toi ?

— J'imagine qu'elle dit merci. C'est ce qu'on dit, quand on se fait faire un compliment.

— « Embrassez-moi. »

— Quoi ?

— C'est ça qu'elle dit, la madame.

Et Léonie me saute dessus. Elle enroule ses jambes autour de ma taille et plonge sa langue dans ma bouche ahurie. C'est un peu violent, mais c'est OK. J'ai un mouvement de recul sur le coup. Mais je m'adapte. Je ne profite pas assez du moment. J'ai trop peur qu'elle remarque mon érection. Est-ce que c'est outrageant ? Ou flatteur ? Je ne sais pas. Je préfère m'arranger pour qu'elle ne sente pas l'effet qu'elle me fait. Mais c'est ardu, étant donné la manière dont elle est enroulée à ma taille.

On s'embrasse depuis peut-être quinze secondes. Elle est plus lourde que je ne l'avais prévu (elle a mangé cinq saucisses, un repas normal, la moitié de celui de mon frère et trois morceaux de tarte après tout !). Ou peut-être suis-je moins fort que je ne le pensais ? Toujours est-il que je m'en veux. Mes bras faiblissent rapidement et je me juge terriblement. Demain matin, je vais passer aux choses sérieuses. Je vais arrêter de soulever le dictionnaire pour me faire des bras. Je vais aller m'acheter de vrais gros haltères au Canadian Tire ! Je vais être capable de lever Léonie en bonne et due forme, comme Carl. Il est évident que Carl pourrait lever Léonie. Il pourrait la lever d'une main et Kate Moss de l'autre !

Pour le moment, je dois impérativement la déposer avant de l'échapper. Je me rapproche de ma table de travail et prends bien soin d'éviter les stylos, la fourchette, le verre en vitre et le réveille-matin.

Je la dépose comme quelque chose de précieux. Elle ne s'électrocute pas. Pourtant, ses fesses font un drôle de craquement.

— T'as des fesses de robot. T'es un androïde et t'as pas voulu me le dire, c'est ça ?

Je me trouve super drôle, alors je ris. Mais Léonie ne rit pas. Elle est désolée. Elle sort de sous sa fesse mes lunettes, coupées en deux. Elle me tend les deux parties en grimaçant de culpabilité. Elle sourit à l'envers, comme Jeanne Moreau.

Quel supra imbécile je fais ! Incapable de poser une fille sur une table sans casser quelque chose. Je prends la peine de regarder avant et il faut quand même que je gaffe.

— Ça t'a pas fait mal, toujours ?

— Ben non. J'ai les fesses dures. Je fais de la course. Je pense que ça a plus fait mal à tes lunettes qu'à moi.

Je juge les dégâts de mes lunettes scindées en deux.

— T'as eu le dessus sur elles, en tout cas.

— Je me sens super mal. Bazwel que je suis désolée. Je vais t'en racheter une paire !

— Ben non, arrête, c'est moi qui les avais pas vues.

— C'est moi qui les avais mises là. T'es myope. Tu pouvais pas savoir.

Léonie recolle mes lunettes avec du ruban transparent.

— Une chance que mon *tape* est pas blanc, parce que je ressemblerais à un cliché de *nerd*.

— Qu'est-ce que ça ferait ? C'est *cute*, un *nerd* !

— Ah oui ? Dommage. J'en suis pas un.
— T'es *cute* quand même, coco !

Pour notre première nuit ensemble, j'offre mon lit à Léonie. Pour ma part, je me déroule un de nos sacs de couchage de camping au pied de mon lit. On passe une partie de la nuit à se parler avec une lampe de poche, dans le noir. C'est l'idée de mon amie. Elle est un peu gênée de me le dire, mais elle a peur du noir. Surtout quand elle ne dort pas chez elle. Alors elle va dormir cette nuit avec une lampe de poche dans la main.

— Comme ça, si je me lève en plein cœur de la nuit, je vais savoir où je me trouve en allumant la *flashlight* !

— Pas fou.

— Pis si t'essaies de me violer, je vais pouvoir t'assommer en te donnant un gros coup de *flashlight* sur la tempe !

— Euh, pourquoi tu dis ça ?

— Je niaisais, coco. T'as pas vraiment l'air d'un violeur. T'as plus l'air d'un gars facile à violer qu'un violeur.

Et elle rit encore, de son rire si particulier.

— Qu'est-ce que tu veux dire ?

— Je niaisais encore, coco. Bonne nuit !

— Hum-hum. Bonne nuit.

Je mets beaucoup de temps à m'endormir. D'une part parce que je n'en reviens pas qu'une si belle fille dorme dans mon lit à moi, dans mes draps à moi. Et d'autre part parce que je tente d'analyser le commentaire de Léonie sur mon statut de violeur/violé. (Est-ce que ça veut dire que je suis trop doux? Je l'ai pourtant soulevée sauvagement comme l'aurait fait Carl, avant de la déposer sur mes lunettes!) Et de troisième part (ça ne s'écrit pas, je le sais) parce que Léonie ronfle. Pas comme un ours, mais quand même. Elle ronfle, et c'est ardu de glisser ma respiration dans la sienne pour trouver le sommeil. Mais je finis par sombrer, heureusement.

Je me réveille violemment vers sept heures, alors que je reçois un obus sur la tête. C'est la lampe de poche de Léonie qui a glissé de ses mains et est tombée directement sur ma tempe de violé. Aouch. C'est une dure, ma correspondante.

Elle ne se rend compte de rien. Elle poursuit son rêve heureux en ne perdant rien de son vrombissement. Son nez se prend encore pour un moteur de tondeuse, m'empêchant de dormir. Alors je me résous à la regarder dormir et à calmer mon euphorie à la vue d'un rond de salive qui provient de la bouche de Léonie. Un petit halo de salive sur ma taie d'oreiller. Je ne la laverai pas de sitôt, celle-là.

22

J'ai un petit bleu sur la tempe. Léonie s'en veut terriblement.

— Je te jure que ça fait pas mal.

— Je suis tellement désolée, coco.

J'aime beaucoup qu'elle m'appelle coco. Je serais prêt à prendre encore deux ou trois coups de lampe de poche pour qu'elle continue à m'appeler coco. Mais pas plus ! Je ne suis pas masochiste non plus. C'est que ça fait un peu mal, quand même.

Une fois le copieux déjeuner-dîner avalé (en cuisinant, ma mère a été surprise qu'il reste si peu de saucisses, mais j'ai pris le blâme), le plan de la journée est simple : aller chez Carl. Je vais lui présenter officiellement son ex-correspondant numéro deux (Carl), et Carl va lui présenter officiellement Kate Moss (sa blonde qui ressemble à Megan Fox).

Pendant qu'on marche dans la neige blanche de Saint-Rémi vers la maison de Carl, Léonie me questionne sur Katy.

— Elle ressemble à Kate Moss ?

— Non, mais son nom, oui. Elle s'appelle Katy Mossalim. C'est son surnom. Elle ressemble plus à Megan Fox, mais en moins belle.

— Megan Fox ! *My God !* Elle doit être super belle !

— En moins belle, j'ai dit !

— Quand même ! Elle va me trouver super laide !

— Ben non. T'es plus belle qu'elle.

— T'es fin, coco !

Léonie crache sa gomme dans la fente des égouts. Je la trouve dégourdie.

Je souris, heureux que les flocons de neige dans ma chevelure brouillent les cartes. Quand il neige, mes pellicules passent totalement inaperçues.

Carl ouvre la porte et Léonie se transforme du tout au tout. Exit la Léonie pleine d'aisance, au rire moqueur facile. Elle devient malhabile comme moi. En serrant la main de Carl, elle lui écorche la paume avec son ongle. Il se penche pour lui donner des becs sur les joues et elle l'embrasse accidentellement sur la mâchoire.

On se ramasse tous les quatre au sous-sol à jouer à Cranium et à écouter de la musique. Toute la personnalité pétillante de Léonie se met à se *dégazéifier*. Elle qui, hier, ressemblait à un 7 Up fraîchement décapsulé est maintenant plus près d'une boisson gazeuse flatte. Un 7 Up éventé. Elle est toujours belle, mais sa folie est partie.

Carl lui demande si elle aime Kanye West. Elle dit oui (elle m'avait écrit le contraire, mais bon, on n'est pas à un mensonge près). Si elle aime la poutine. Elle dit oui. Si elle aime les combats extrêmes. Elle dit oui. Elle dit oui à tout ce qui sort de la bouche de Carl. Oui, elle suit la carrière de Georges St-Pierre avec intérêt. Oui, elle espère que les Canadiens vont remonter la pente. Oui, elle comprend que c'est plus agréable de s'écrire sur Facebook que par lettres, comme je fais.

Mais elle fait pire que ça.

Quand la mère de Carl dépose sur la table basse du sous-sol deux grandes pizzas extra-larges, elle n'en prend presque aucune bouchée. Elle. Léonie Beaulieu, ma correspondante. La fille qui, hier, a englouti la moitié d'un sac de saucisses avant de souper avec appétit. C'est à n'y rien comprendre. Je ne la reconnais absolument pas.

Quand elle délaisse les serviettes de papier de la pizzeria qu'elle utilise uniquement à des fins d'origami, Kate Moss passe son temps à jouer dans les cheveux de Carl, comme pour signifier à Léonie que c'est son chum à elle et à personne d'autre. Si je n'avais pas peur qu'elle découvre les millions de pellicules qui recouvrent mon cuir chevelu, je voudrais que Léonie en fasse autant avec mes cheveux. Comme si nous étions deux couples. Carl et Katy d'un côté, Léon et Léonie de l'autre. Ça sonne bien, il me semble. Mais Léonie ne me touche pas vraiment. Elle a mieux à faire. Elle a Carl à regarder. Il n'y a pas de jalousie vis-à-vis Kate; elle ne la regarde simplement pas. Ce n'est pas la même chose pour Kate Moss qui respire le « Carl-est-à-moi-alors-pas-touche ».

Katy et Léonie semblent se livrer une malsaine compétition. Laquelle des deux mangera le moins? Je ne participe pas au concours; je mange deux pointes. J'ai un appétit raisonnable. Carl, lui, verse dans l'autre extrême. Il dévore quatre pointes qu'il avale en deux bouchées. Son truc est de replier la pâte, de manière à cacher la garniture. Je ne comprends pas cette méthode. J'aime regarder ce que je mange, moi.

Bientôt, il est huit heures du soir. Katy est déçue. Elle doit rentrer. C'est le quarantième anniversaire de sa mère et ça fait une heure que la jubilée doit pleurer l'absence de sa fille. Katy se résout à nous laisser, même si ça ne l'enchante pas. Ce n'est pas le chagrin de ne pas prolonger la soirée avec nous; c'est la jalousie de laisser Carl à deux mètres d'une fille plus belle qu'elle.

— Tu me raccompagnes en haut, Carl ?
— Ben, là, tu connais le chemin, non ?
— Heille, je te demande pas grand-chose. J'ai envie de te parler, gros cave.

Carl disparaît derrière elle. Il va assurément devoir la rassurer. Lui dire quelque chose comme « non, elle est moins belle que toi » ou « oui, je te promets que je la regarderai pas de la soirée ». Pauvre lui. Être pris pour mentir.

— Ouin. T'as pas beaucoup mangé…
— Non. Hier, j'ai exagéré. Je fais un jeûne aujourd'hui.
— Pas au déjeuner/dîner de ce matin, en tout cas !
— Coco !

Elle rit et m'ébouriffe les cheveux. Enfin, le pétillant revient.

— Tu le trouves beau, Carl. Hein ?
— Il est pas laid, c'est sûr. Il ressemble vraiment à Taylor Lautner.
— Le loup-garou dans le film de vampires, c'est ça ?

Je fais semblant de ne pas trop connaître *Twilight*, question de bien paraître.

— C'est ça.
— Et moi, je ressemble à qui ?
— Tu ressembles à toi-même, coco ! À toi et à personne d'autre ! C'est ben mieux ça, si tu veux mon avis.

Je me rapproche d'elle. Il me semble que je fais ça subtilement.

— On s'embrasse-tu ?

— Carl va revenir bientôt, Léon.

— On arrêtera quand il va revenir.

— On fera ça ce soir, chez toi. OK?

Je souris.

— OK.

Un silence. Léonie prend dans ses mains les roses en serviette de papier avec des taches d'huile de pizza qu'a confectionnées Katy. Elle sourit moqueusement. J'en fais autant. Elle se les lance sur elle-même, comme une mariée lancerait son bouquet, et nous éclatons de rire. La pluie d'origami *cheap* nous rend hilares.

Quand Carl revient, Léonie cesse de rire illico. C'est comme si elle perdait instantanément sa folie, une fois de plus.

23

Pendant que Léonie est aux toilettes, Carl me pousse dans un coin pour m'interroger.

— T'aimes Léonie, hein, Léon ?

— Euh. Pourquoi tu me demandes ça ?

— Réponds, s'il te plaît. Tu l'aimes, hein ? Ça paraît, quand tu la regardes.

— Ben, pas mal, ouin.

— Je me sens tellement mal, *man.*

— Tu l'aimes aussi ?

— Je sais pas. Mais je l'ai embrassée…

Une claque ne me sonnerait pas plus.

— Hein ! ? Comment ça ! ? Tu l'as embrassée ? Mais quand ?

— Tantôt, quand je suis allé chercher du 7 Up. Léonie m'a suivi.

— Pour aller aux toilettes…

— Non. Elle voulait m'embrasser. Elle s'est jetée sur moi dans les escaliers, et elle m'a frenché. *Sorry, man.*

En une toute petite seconde, je me dégazéifie à mon tour.

— Pis t'as fait quoi ?

— Ben… Je me suis laissé faire. Elle est *hot*, Léonie.

— Tu l'as dit à Kate Moss ? Que vous vous êtes frenchés, Léonie et toi ?

— T'es-tu fou, *man* ? Non, elle m'aurait tué !

— Tu vas pas lui dire ?

— Ça vaut pas la peine. Ça durera pas, nous deux. Elle me tombe un peu trop sur les nerfs. Je vais la laisser demain, je pense ben.

Léonie sort des toilettes. Carl se tait. Et moi je suis flatte comme un 7 Up qui aurait passé cent ans à l'air libre.

24

Carl et Léonie se sont embrassés. Je ne sais pas comment réagir. Je comprends Carl d'avoir embrassé Léonie (elle est tellement belle). Je comprends Léonie d'avoir embrassé Carl (il ressemble à un jeune acteur américain). Mais je ne comprends pas pourquoi les deux ont fait ça en sachant que j'existe et que ça risquait de me faire de la peine. C'est ça que j'avale difficilement.

Je reviens avec Léonie en silence, presque. Sur le chemin du retour, elle me pose des questions, mais je réponds à demi-mots.

— Elle est spéciale, Katy.

— Hum, hum.

— Elle a l'air d'une fille superficielle. Non?

— Sais pas.

— Ça va, toi?

— Hum, hum. Suis fatigué, je pense.

— Ça arrive.

Elle n'insiste pas plus. Peut-être qu'elle me croit? Peut-être qu'elle sait que je sais qu'elle a embrassé Carl et qu'elle s'en fout? Peut-être qu'elle trouve ça normal d'embrasser deux gars différents en deux jours?

Une fois arrivés, elle se réfugie dans la douche. Une longue douche qui me permet d'accuser le coup. Je dois avoir l'air un peu démoli, car Antoine me regarde drôlement, dans le cadre de porte de ma chambre.

— Déjà de retour?

— Hum, hum.

— Léonie est pas là?

— Dans la douche.

— C'est elle qui est dans la douche depuis tantôt? Elle va vider la *tinque* à eau chaude si elle continue.

— Hum, hum.

— Léon, je dois me laver les cheveux, moi, ce soir.

— La porte se barre plus. Tu peux rentrer pis lui dire.

— Sais-tu, je pense que je vais respecter son intimité. Sauf si elle se met à crier à l'aide.

J'essaie de sourire, mais j'échoue. Je suis incapable de sourire.

— Ça va pas, toi?

— Suis fatigué.

— Mais encore…?

— Léonie m'a embrassé hier.

— Wow. Mais c'est super!

— Ouin. Sauf qu'elle a embrassé Carl ce soir.

— Oh. Ouin. Ça te fait de quoi?

— Non. Oui.

— Tu vas lui reparler ?

— À qui ? À Carl ou à Léonie ?

— Les deux.

— Oui. C'est mes amis.

— Tu l'aimes, ta correspondante ?

— Je sais pas. Je l'haïs pas.

— Pis Carl, lui ? Il l'aime aussi ?

— Même chose, j'imagine.

— Ouin. Ça fait un peu *Jules et Jim*, votre affaire.

— Le film avec Jeanne Moreau ?

— Oui.

L'eau coupe. Antoine soupire de contentement.

— Bon, je vais aller cogner à la porte des toilettes avant que Léonie change d'idée pis qu'elle reparte l'eau.

Il rassemble les deux morceaux de son pyjama grand-père, ainsi que son Fructis. Depuis l'incident du serpent-Fructis dans la douche, Antoine conserve précieusement son shampooing dans sa chambre. Mes cheveux sentent moins bon depuis.

25

Je dors mal. Je rêve que Carl est comme possédé. Que ses bras, pris d'une étrange transe, pleuvent sur moi. Que Carl m'assomme à coups de poids et haltères, alors qu'il fait le moulinet, comme dans un des épisodes des *Simpson*. Qu'il me fend le crâne, tout en étant désolé. Comme si c'était plus fort que lui. Et derrière lui, Kate Moss et Léonie, collées l'une contre l'autre dans son lit, s'embrassent en riant, comme si tout ça était un jeu. Je me réveille les tempes humides, presque momifié dans mon sac de couchage qui se prend pour un linceul, au pied de mon lit. Un des bras de Léonie émerge de mes draps et ça me rassure. Léonie est dans mon lit, encore. Elle n'est pas chez Carl. C'est moi qui l'ai.

La journée commence ridiculement. Je mange deux toasts au Nutella. J'essuie le surplus de Nutella sur la lame du couteau dans un Kleenex. Du coin de l'œil, je regarde la belle Léonie boire goulûment le reste de lait de son bol de céréales. J'oublie l'existence du Nutella dans le Kleenex que je prends pour me moucher. Eh oui : je me mouche dans un Kleenex plein de Nutella. Ça explique bien les ailes du nez sucrées et noires.

Léonie me regarde faire et elle sourit, sans plus. En principe, elle rirait de ma gaffe. Mais elle ne rit pas ; elle est sérieuse. Pire : elle a l'air grave.

— Je dois te parler, Léon. C'est important. On peut aller dans ta chambre ?

Je m'essuie le nez, sans doute l'air penaud. Je monte derrière elle en me faisant une série d'hypothèses. Tous les scénarios sont possibles. Elle veut peut-être me dire que Carl et elle, c'est sérieux. Qu'elle est amoureuse de lui. Qu'il est amoureux d'elle. Qu'il va laisser Kate Moss et demander sa main à monsieur Beaulieu (ou Docteur Beaulieu, si c'est vrai...). Que mon meilleur ami a choisi de quitter Saint-Rémi pour aller s'établir à Lévis, loin de moi. Ou pire : qu'elle a choisi de quitter Lévis pour venir s'établir ici, à Saint-Rémi, tout près de chez moi, pour me rappeler tous les jours leur bonheur, à Carl et elle, bonheur dont je serai éternellement exclu. Peut-être qu'elle me proposera de sortir avec Kate Moss ? Pour éviter qu'elle et moi, nous nous sentions seuls et rejetés ? Mais je ne veux pas de Kate Moss, aussi belle qu'elle soit. Je ne veux pas d'une fille dédaigneuse. Je ne veux pas d'une fille qui passerait sa vie à juger les pellicules de peaux mortes tombées sur mes épaules.

Dans ma chambre, Léonie referme la porte derrière elle, pour plus d'intimité. Je suis prêt à tout entendre.

— Je viens de surprendre ton frère aux toilettes.

Ce n'est que ça? Elle l'a surpris nu et elle se sent gênée?

— OK. Je t'avais dit que la porte se barrait pas...

— Je pense qu'il est malade, Léon.

— Il fait de la fièvre?

— Ben non.

— Une grippe?

— Non plus...

Elle semble impatiente.

— Il faisait quoi aux toilettes? Il vomissait?

— Oui.

— Ça lui arrive souvent. Il a l'estomac fragile.

— Il a pas l'estomac fragile, Léon. C'est plus grave que ça.

Je me fais subitement beaucoup de souci. Mais que peut bien avoir mon frère? Un cancer? Un cancer de l'estomac? Et comment Léonie serait-elle au courant avant moi? Ça serait ridicule.

— Je pense qu'il est anorexique. En fait, j'en suis pas mal sûre.

J'éclate de rire. Ce n'est pas un éclat puissant, mais oui, je ris. C'est n'importe quoi! Mon frère ne peut pas être anorexique. Je lui rappelle qu'Antoine est un garçon.

— Oui, pis?

— Un garçon, c'est pas anorexique.

— Bazwel! Pourquoi pas?

— Je sais pas. C'est une affaire de filles, non?

— Non. C'est une affaire d'humains. D'humains qui vont pas bien.

Je m'assois dans mon lit. Je m'enfonce dans le matelas, comme si c'était de l'eau.

Tout se précise et je n'aime pas ça. Ses repas sautés. Ses vomissements répétés. Son estomac soi-disant capricieux.

Léonie poursuit. Elle est résolue à me convaincre.

— Moi aussi, j'ai des petits troubles alimentaires. Des fois, ça frôle la boulimie, mon affaire! Je suis du genre à trop manger un jour et à me sentir coupable le lendemain au point de jeûner.

— Comme hier soir?

— Comme hier soir.

— Tu te fais vomir?

— Ça m'est arrivé souvent, mais j'ai arrêté quand j'ai lu sur le net que ça pouvait fendre mon œsophage. J'ai pas vraiment envie de me déchirer de l'intérieur...

— Tu penses que ça pourrait arriver à mon frère?

— On dirait qu'il se fait vomir tous les jours. Tous les jours, le peu qu'il mange...

Plus Léonie parle et plus je m'enfonce dans mon matelas. Je suis terriblement lourd.

Alors mon frère serait anorexique ?

Tout était trop clair. Je ne pouvais pas me l'avouer, mais je suis forcé de donner raison à Léonie.

Mon frère est anorexique.

Mon frère est anorexique.

Mon frère est anorexique.

Même si c'est contraire à la norme, à ce qui se peut pour moi, mon frère est anorexique. C'est l'envers du possible, pour moi. Comme le sourire de Jeanne Moreau.

26

Léonie part ce soir. Son père doit venir la chercher après le souper.

— T'es chanceuse d'avoir un père médecin aussi présent pour toi.

Léonie se mord une lèvre.

— En fait, mon père est au chômage.

— Ah.

— J'ai... J'ai de la misère des fois à dire juste la vérité.

— Je sais. Tu peux pas être parfaite parfaite.

Léonie rougit. Ça ne s'invente pas, ça. Elle est honnête, là.

— T'es sûre que tu veux pas que Carl vienne souper avec nous ?

— Non. Je veux être seule avec toi. Pis ta famille. T'as vraiment une belle famille.

— Ouin, pas pire belle, je pense.

— T'as vraiment une belle famille, Léon.

Léonie a insisté sur chaque mot. Comme si elle m'enviait.

— J'ai frenché Carl, hier soir.

— Ouin, il me l'a dit.

— Je m'excuse, Léon. C'est con, bazwel. Je veux pas que tu m'en veuilles. Je veux qu'on reste amis et qu'on continue à s'écrire de longues lettres.

— J'ai pas envie qu'on arrête quoi que ce soit, moi non plus.

Léonie me serre dans ses bras. Elle sent tellement bon que ça m'étourdit.

— Tu vas faire quoi avec ton frère ?

— Je sais pas. Mais je vais faire de quoi.

— Oui, fais de quoi. Si tu l'aimes, fais de quoi.

Ce soir, dès que Léonie sera partie, je vais parler à Antoine.

Pour le moment, Léonie et moi, on se copie deux CD de chansons. C'est son idée et je la trouve pas mal bonne. On sélectionne nos dix chansons préférées de tous les temps et on les grave chacun sur un CD qu'on s'échangera, pour penser à l'autre en écoutant la musique qu'il aime. Dans la *playlist* de Léonie, il y a trois chansons de Robyn et deux de La Roux. Je trouve que ça lui ressemble. Son côté 7 Up, en fait. Moi j'ai surtout mis des chansons francophones. Du Vincent Vallières, du Dumas et du Martin Léon. J'espère qu'elle aimera. J'ai même ajouté la chanson préférée de ma mère, un vieux succès de Claude Barzotti, pour faire sourire Léonie. J'imagine bien qu'elle ne saura pas qui est ce Barzot'qui. Disons que ce n'est pas un nom qui circule beaucoup à mon école.

En descellant les CD vierges, deux petits anneaux protecteurs en styromousse tombent au sol. Léonie les ramasse et les met à plat dans sa main. Elle pose un genou au sol. Je crois qu'elle veut attacher son lacet, mais je réalise qu'elle est nu-bas.

Cérémonieusement, elle me prend la main et m'enfile l'anneau de styromousse dans le doigt habituel, celui réservé à la chose. L'annulaire (que j'ai appelé *annuaire* pendant quatorze ans de ma vie, jusqu'à ce qu'Antoine me corrige l'été passé !).

— Léon Renaud, alias coco, veux-tu m'épouser ?

Je souris. Peut-être un peu trop. C'est très possible. Quand je suis heureux à l'excès, mon sourire a tendance à exagérer.

— Oui, je le veux.

Léonie enfile elle-même le second jonc autour de son annulaire. Elle pose sa main dans la mienne, de manière à mettre nos anneaux en évidence, comme le font les jeunes mariés en pleine séance de photos Sears. Nous sommes joliment ridicules, avec nos bijoux de styromousse. Avec son autre main, elle mime un appareil photo. Elle appuie dans le vide et fait « clic » avec sa langue. Une manière d'immortaliser ce moment. Moi, en tout cas, je scanne l'image dans ma tête et je me promets de m'en souvenir le jour de mes cent dix-huit ans.

27

Le souper est fini et Antoine n'a presque touché à rien. Le peu avalé, il est en train de l'évacuer à la toilette. Léonie m'a fait des yeux ronds pendant le repas et moi j'ai hoché la tête. L'air de dire : oui, je vais agir. Oui, je vais sauver mon frère.

Ma correspondante vient de nous quitter. Mon père s'est moqué de nous quand il a remarqué nos anneaux de styromousse. Mais Léonie et moi, on s'en est foutus. On s'est promis de s'écrire dès cette semaine. Quand la porte s'est refermée, mon père a lancé : « Une lettre d'amour ! » Mais je n'ai rien dit. Je pensais juste à Antoine, cloîtré dans la salle de bains.

Il s'y trouve toujours. Encore plus que le salon ou sa propre chambre, c'est la salle de bains, l'endroit où il s'enracine le plus longtemps.

En catimini, j'en profite pour me faufiler dans sa chambre jeter un coup d'œil à sa calligraphie dans son journal. Avant toute chose, avant la féminité des lettres et le reste, ce qu'on remarque, c'est que c'est une écriture contrôlée. Contrôlée comme quelqu'un qui voudrait avoir le dernier mot sur tout, y compris son tour de taille, aussi petit soit-il. Je n'ai rien vu de ça. Je suis officiellement le pire graphologue du monde.

Alors que je m'apprête à remettre le journal bien à sa place, dans son tiroir, j'y trouve une feuille volante, découpée nettement à même ce journal. Avec un coupe-papier, je dirais. Du travail propre. Je reconnais immédiatement la même calligraphie maîtrisée. Mes yeux parcourent le texte alors que mes oreilles sont tournées vers la salle de bains.

Je regarde mon père agir, avec ses blagues grasses et son humour viril. Ses commentaires déplacés et son absence de curiosité face au monde. Je ne le méprise pas, parce que je l'aime. Mais je me coupe de ça. Je ne veux pas être comme lui. Être un homme, ça ne peut pas être ça. Je refuse ça. Je ne veux pas devenir mon père. Je ne veux pas rentrer dans la vie avec un quatre roues …

Le son de la chasse m'empêche de terminer le court texte, mais je capte l'essentiel. Je remets tout à sa place.

Après avoir lavé la vaisselle en sa compagnie, je me retrouve au salon, seul avec mon frère. L'eau chaude a gondolé mes mains. Je me donnerais soixante-huit ans, minimum. Les fesses sur le qui-vive, sur le bout du divan, je pense à ses mots. Son refus d'être un homme. Je ne comprends pas bien ce que tout ça signifie. Je regarde nerveusement Antoine qui regarde passionnément un film. C'est encore avec Jeanne Moreau, son actrice française fétiche. L'actrice à la voix rocailleuse. Elle est Julie Kohler dans *La mariée était en noir*, encore de Truffaut. Il est captivé par l'histoire. À trois reprises, je décide d'abandonner et de ne pas interroger mon frère. De remettre ce projet à demain ou après-demain. De faire comme si tout allait bien dans le meilleur des mondes. Mais à un moment donné, je repense à ce que m'a dit Léonie à propos de l'œsophage. Des possibilités de déchirure, et tout. Antoine est en danger. Alors, je fais un homme de moi et je plonge. Je prends la télécommande sur la table basse et appuie sur *pause*.

— Faudrait que je te parle. C'est important.

— Je t'écoute.

Je pensais qu'Antoine allait tourner ma phrase en ridicule, mais non. Il semble vraiment prêt à m'écouter.

— Léonie pense que t'es anorexique. Pis je pense qu'elle a raison.

Ses yeux s'agrandissent. C'est la surprise qui fait ça.

— C'est ridicule, voyons !

— Je t'ai entendu vomir tantôt aux toilettes.

— Le repas était pas tout à fait…

Je le coupe.

— Le repas était super frais, Antoine. Ça fait plein de fois que je t'entends vomir.

— J'ai des problèmes d'estomac.

— Léonie dit que…

— Léonie est une mythomane. Tu le sais, j'espère ? Elle dit plein d'affaires pour se rendre intéressante. Ça marche souvent, on le sait. Papa et maman boivent chacune de ses paroles. Mais tu dois certainement te douter qu'elle enjolive tout. Même mes problèmes digestifs.

— T'es maigre, Antoine.

— C'est mon ossature.

— Tu manges presque rien.

— J'ai un petit appétit, Léon. C'est tout. J'ai un tout petit estomac !

— Tu manges seulement des bananes, le reste, tu le vomis.

— De quoi tu te mêles ?

— De mes affaires. Tu fais partie de ma vie. T'es mon frère. Je t'aime. Fait que c'est de mes affaires.

Antoine se lève sans rien dire. Je l'entends se rendre dans sa chambre et en fermer la porte. Je ne bouge pas. Je ne fais rien. Je ne fais que regarder fixement l'écran. C'est Jeanne Moreau, figée. Son sourire est dangereusement à l'envers. La seule position qu'il connaît.

28

C'est jour d'école. Antoine n'est pas encore debout. Il est pourtant toujours le premier levé. Ma mère est surprise.

— On dirait qu'Antoine a passé tout droit…

— C'est pas son genre, que je remarque. Je vais aller le réveiller.

— Oui, t'es fin.

Dans sa chambre, Antoine n'est pas au lit. Non. Il est au sol, dans une posture de cadavre. Je lui parle, le secoue, mais je n'obtiens aucune réaction. Antoine est sans connaissance. Je me mets à crier comme un désespéré dans le cadre de porte pour alerter ma mère, mon père, les ambulanciers, les psychologues. Tout le monde qui pourrait venir en aide à mon frère.

— Antoine est dans les pommes !!!

Je panique. Je plaque mon oreille sur son torse pour entendre son cœur battre. J'entends un battement, mais je ne suis pas sûr si c'est bel et bien le cœur de mon frère ou si c'est le mien qui me cogne à la tempe.

Je soulève le corps maigre de mon frère. Je m'y prends mal. Je me fais mal au poignet. Pas fort, mon affaire. Même pas capable de lever cent livres sans me blesser !

Mon père apparaît. Il me pousse très fort pour que je dégage. Avec ses deux doigts sur la carotide, mon père prend le pouls d'Antoine. Il y met plus d'assurance et d'efficacité que moi.

Ma mère crie. Elle est dans le cadre de porte de la chambre et se met le linge à vaisselle devant la bouche. Cette image de ma mère hurlante, ça me glace le sang.

— Il respire !?

Mon père fait un geste de la main pour qu'elle se taise.

— Bruno ! Je t'ai demandé s'il respire !

Il donne une gifle à Antoine. Mon frère se met à remuer les paupières, puis ensuite les lèvres. Je n'ai jamais vu un homme agoniser en plein désert, mais je me dis que ça doit ressembler à ça.

— Parle-moi, Antoine ! ordonne mon père.

Pas de réponse.

— Oui, dis quelque chose ! C'est maman, Antoine !

Mon père prend Antoine dans ses bras. L'image me fait encore plus peur que les cris de ma mère. Ce n'est pas normal, ce que je vois. Voir mon grand frère à moitié inerte dans les bras de mon père, ça ne se peut pas. Je me mets à trembler. Des frissons me parcourent la colonne. Je claque des dents comme si le plancher de bois franc s'était magiquement transformé en patinoire. Je glisse derrière mon père qui court dans la maison avec son fils aîné dans les bras. Je dépasse ma mère. Toute la famille Renaud court dans la maison, comme des poules pas de tête, le cœur catastrophé. Tout ça a des allures de course à relais déréglée où on oublie de se passer le témoin. Où on mise sur le meilleur coureur pour gagner.

En tournant dans le corridor avec le corps mou de mon frère, mon père (ou peut-être un pied inerte d'Antoine) accroche la plante artificielle. Le pot en céramique se fracasse au sol. Je saute par-dessus pour rejoindre mon père, déjà rendu à sa voiture.

— Je viens moi aussi.

— Non, toi, tu vas voir maman. Tu la calmes.

— Mais je veux savoir ce qui arrive.

— Je vous appelle rendu à l'hôpital. Tu vas voir maman, toi ! Tout de suite !

Je n'ai jamais vu mon père aussi cinglant. Ça me tétanise, le voir froid comme ça.

Je reste un moment dans la cour, jusqu'à ce que la voiture ne soit plus visible. Je grelotte.

Ce n'est pas que de peur; je réalise que je suis nu-pieds, en bas de pyjama, les pieds dans la sloche. Je rentre en claquant des dents de plus belle. Dans l'entrée, je vois ma mère au sol. Elle a les genoux dans la vraie terre qui s'est répandue sur son plancher. La plante artificielle déterrée est intacte, un peu plus loin. Ma mère allonge le bras pour en toucher les feuilles.

Ma mère doit être en état de choc. Car tout ce qu'elle me dit, quand elle croise mes yeux, c'est: « La plante a rien. »

29

Antoine est dans sa chambre. Il y est monté directement, sans nous parler. Il avait la mine basse. Je pense qu'il pleurait, mais je n'en suis pas absolument sûr.

Papa, maman et moi, nous sommes au salon. Il y a de longs silences parmi nous. Ce sont des anges qui passent à la chaîne. En fait, tout un troupeau d'anges vient envahir le salon des Renaud. Par chance, mon père finit par les chasser en nous livrant ce qu'il sait.

Selon le médecin, Antoine aurait eu une perte de conscience hypoglycémique. Il aurait sérieusement manqué de sucre.

Le docteur aurait été alarmé par son rythme cardiaque. Un rythme dangereusement lent, pour un garçon de son âge. Il n'aurait pas voulu donner à Antoine son congé de l'hôpital avant qu'il ne rencontre un psychiatre. Il aurait dit à mon père que son fils semblait « anormalement alimenté ». Qu'il lui manquait d'électrolytes dans le corps, c'est-à-dire du calcium, du potassium, du sodium et plein d'affaires en *ium*. Des éléments primordiaux pour des ados.

Mon père aurait précisé au médecin qu'il nourrissait bien ses enfants. Ce à quoi ce dernier aurait répondu : « Il se pourrait que votre fils ait un trouble alimentaire. » Mon père n'aurait pas compris, alors le médecin aurait proposé qu'Antoine était peut-être anorexique ou boulimique. Mon père aurait ri, croyant que c'était une blague. Il aurait dit : « Mon fils est un gars. Pas une fille. »

Ouin. C'est ce qu'il aurait dit.

Je suis bien le fils de mon père.

Mon père nous raconte tout. Sans censure. Je suis touché que mon père m'inclue dans les confidences.

— T'es plus un enfant, Léon. Tu vas bientôt avoir quinze ans, donc je trouve que c'est important que tu saches ce qui se passe.

— Je les ai déjà.

— Oups.

— M'en fous. Je t'écoute. Qu'est-ce qui se passe ?

— Ton frère va pas bien. Le psychiatre croit qu'il est anorexique. Antoine a beau m'avoir dit que c'était pas vrai, je suis pas mal sûr que le psychiatre a raison. Antoine est anorexique.

Mon frère aurait nié en partie. Il aurait cependant avoué se trouver un peu trop « gras ». Antoine, gras ? En septembre dernier, alors que j'entamais ma correspondance avec Léonie, Antoine, lui, aurait commencé à manger deux bananes par jour, soit une au déjeuner et une autre au dîner. Et à se faire vomir le repas du soir. Il se serait longuement régalé tour à tour de jeûne et de bananes, pour ne pas tomber. Mais depuis quelques semaines, presque rien. Le strict minimum de tout. Mais ce n'était pas assez.

Tout le monde s'en veut. Ma mère pleure pendant que mon père lui détaille ce qu'il lui avait résumé plus tôt, par téléphone, quand il était encore à l'hôpital. Elle pleure silencieusement, sans faire de bruit. Comme si on avait mis son volume sur *mute*. Elle se sent coupable de n'avoir rien remarqué. Elle se répète tout bas, comme un mantra : « C'est mon fils et j'ai rien vu. Rien pantoute. » Mon père, quant à lui, doit certainement regretter ses blagues déplacées sur la stature d'Antoine, sur son estomac fragile. Je n'ai d'ailleurs jamais vu mon père aussi atterré. Et de mon côté, je m'en veux d'avoir toujours ri, d'avoir encouragé l'humour douteux de mon père. Je m'en veux d'avoir senti qu'il y avait un problème avec mon frère et d'avoir gardé ça pour moi. Je m'en veux que ma science, la graphologie, n'ait rien pu faire pour Antoine.

Demain, je vais rapporter mes livres à la bibli et je vais dire à la bibliothécaire (qui ne sourit strictement jamais) que les livres qu'elle m'a proposés sont très mauvais.

On doit faire un beau portrait de famille, présentement. Tous les Renaud se sentent coupables. Tous les Renaud se sentent tristes. Les anges reviennent envahir notre salon et s'assoient partout où il y a de la place. À côté de nous, sur les places vacantes, sur la table basse, même sur nos genoux.

Je pense à Antoine. Je l'imagine dans sa chambre. En train de pleurer dans son lit. Ou en train d'écrire à son bureau, peut-être ? Avec son écriture calculée, contrôlée. Il écrit en morse, mon frère. Je pense à son corps tout maigre. Son corps calculé et contrôlé, comme son écriture. Je ne comprends pas ce qui lui plaît dans l'idée de stopper sa croissance. Il est chanceux, pourtant. Il me semble qu'il devrait en profiter, prendre de l'expansion, devenir grand. Devenir un adulte. Je ne comprends pas mon frère. Mais je l'aime. Et juste l'idée de penser qu'il ne mange plus rien, ça me tue.

Mon père, qui semblait compter les nervures dans le plancher de bois franc depuis de longues minutes, lève finalement les yeux vers moi.

— Qu'est-ce que t'as au poignet, toi ?

— Ah, ça ? C'est rien.

Je rougis, en flattant mon bandage.

Ma mère informe mon père : je ne suis pas allé à l'école de la journée. Ni elle au travail, d'ailleurs. Elle m'a plutôt accompagné à la clinique, en voyant la couleur de mon poignet.

C'est ridicule, je sais, mais en voulant soulever mon frère, je me serais fait une entorse au poignet. Celui de droite. Je suis presque plâtré. C'est tout comme. Mon bandage serré m'empêche d'écrire de la main droite. J'ai essayé et ça faisait trop mal. J'étais incapable de tenir le crayon. De toute façon, le médecin s'y oppose. Il m'a juste dit : « J'espère que tu es gaucher ou ambidextre, parce qu'il est pas question que tu écrives de la main droite pendant au moins deux semaines. »

Pour les prochains jours, avec ma main gauche, je me prépare mentalement à écrire comme un bébé ou un vieillard. C'est Carl l'ambidextre qui va trouver ça drôle. Je ne me suis pas suffisamment exercé. Je vais sans doute être pris pour écrire à Léonie directement à l'ordinateur, comme les autres ados de ma génération. C'est peut-être ici que s'achève ma petite marginalité ?

Je vais rentrer dans le troupeau, comme les autres. Antoine vient de me montrer combien la marginalité n'est pas heureuse, pour lui.

Mes yeux tombent sur le boîtier d'un DVD avec Jeanne Moreau. Je le prends dans mes mains. Je regarde l'actrice de plus près. J'oublie son sourire dans le mauvais sens et me concentre sur ses yeux. Je les trouve beaux.

— Je peux aller parler à Antoine ? que je demande.

Ma mère ne semble pas savoir. Elle interroge mon père du regard, qui hausse les épaules. Un geste qui dit « fais ce que tu veux, mais prends soin de ton frère ».

Je prends l'ordi portable de la famille et mets le DVD sous mon bras. Je vais aller cogner à la porte d'Antoine. Quand il va ouvrir, il va avoir l'air piteux, encore, mais je ne vais pas lui en parler. Je vais simplement lui offrir qu'on regarde le film de la vieille vieille Nouvelle Vague avec Jeanne Moreau que j'ai sous le bras. Il va regarder le boîtier du DVD et me dire oui. Il ne dit jamais non à Jeanne Moreau. On va s'installer tous les deux sur son lit. Ça va désordonner les plis de ses draps et Antoine n'aimera pas ça, car il est maniaque. Mais il va passer par-dessus. Il va me demander c'est quoi mon bandage au poignet. Je vais lui dire. Il va montrer son épaule déboîtée par ma faute, en pensant à mon poignet blessé par sa faute. Il va me dire : « On fait une belle paire, nous deux ! » Ou il va me dire : « On est quittes. » Ou quelque chose comme ça. En tout cas, il va me dire quelque chose et moi, je vais rire. Même si ce n'est pas précisément drôle. Et Antoine va rire aussi. On va rire comme deux frères.

30

Ce matin, avant de partir pour l'école, je relis pour une énième fois la dernière lettre de Léonie, reçue la veille. Ça fait presque deux semaines que Léonie est partie. Lire cette lettre me rend heureux. Surtout ce passage :

J'ai encore mon alliance, coco ! Je l'ai portée à l'école pour faire jaser le monde ! À l'annulaire de ma main gauche, comme il se doit ! Bazwel que les gens de ma classe m'ont questionnée ! Je leur ai dit que je m'étais mariée ! Que je célébrais mes noces de styromousse avec un gars formidable de la rive sud de Montréal ! J'espère que tu portes ton alliance toi aussi !

Des noces de styromousse. Quelle expression charmante. Mais non. C'est dommage, mais je ne la porte pas, mon alliance. Je ne l'ai pas portée une fois, en fait. Pas depuis le départ de ma correspondante. Il s'est passé trop de choses, en quelques jours.

Elle termine la lettre en me demandant comment se porte mon frère. S'il m'a avoué ses problèmes alimentaires. S'il va consulter.

Oui, il consulte. Mes parents l'obligent. En huit jours, il a vu deux fois un psychiatre et deux fois un psychologue. Mes parents y vont fort, mais je les comprends. On ne peut pas dire qu'Antoine va réellement mieux, mais il ne va pas pire. C'est déjà ça. Or, bien que Léonie prenne gentiment des nouvelles de mon grand frère, je suis incapable de lui écrire ce qui s'est passé le lendemain de son départ. C'est au-dessus de mes forces. Je n'ai pas honte de l'anorexie de mon frère. J'ai honte de moi. Honte de mon manque de discernement, de jugement.

Tout ce que je sais, c'est que je ne peux pas en parler à personne pour le moment. Même à la maison, on ne s'en parle pas. C'est tabou. On surveille Antoine après les repas. Il mange peu, mais conserve au moins la nourriture dans son ventre. La nuit, mes parents dorment d'un sommeil léger, craignant que leur fils se fasse vomir à la toilette. On passe tous la nuit l'oreille tendue vers le son de la chasse d'eau. Et pourtant, on fait comme si tout allait bien. C'est nul à dire, mais je pense que cette attitude me convient. Pour le moment, du moins.

Je n'ai rien dit de tout ça à Carl, non plus. De toute façon, il est préoccupé. Il a à gérer les crises de jalousie de Kate Moss qui est certaine que son chum ne l'aime pas *pour vrai.* Carl la trouve épuisante, mais il est incapable de la laisser. Il ne veut pas lui faire de peine. C'est un bon gars, mon ami. Sous ses airs de loup-garou de *Twilight*, c'est un tendre.

La vie se poursuit. Alors, depuis l'« événement », je me rends malgré tout à l'école et je prends mes notes de cours de la main gauche. Ça donne une écriture qui ne me ressemble pas. Une écriture étrangère. Je me demande ce qu'un vrai graphologue dirait de ce qui sort de moi.

Ce matin, au casier, Carl se sent mal. Il m'apprend qu'il a finalement laissé Kate Moss hier soir.

— Comment t'as fait ça?

— Par téléphone. C'était moins dur, je trouve.

Je fais une face catastrophée.

— Qu'est-ce qu'il y a, *man*?

Je lui livre le fond de ma pensée.

— Ça manque cruellement de classe, « *man* » ! Franchement, laisser quelqu'un au téléphone !

Carl finit par me donner raison. Il s'en veut. Il évite Katy entre les deux cours du matin. Sur l'heure du dîner, alors que Carl n'est pas avec moi (heureusement pour lui), Kate Moss me croise et se rue sur moi. Elle a le visage rouge, comme si elle était en colère ou qu'elle avait trop pleuré. J'ai peur pour ma vie, un bref moment. Va-t-elle me frapper? Comme si pour elle, pour le moment, Carl et moi étions une seule et même personne? Ou comme si elle faisait un transfert? Qu'en voyant mon visage, elle voyait celui de son ex? Mais non. Elle ne me frappe pas. Elle fait l'inverse. Elle se jette à mon cou et pose la tête sur mon épaule. Elle remue son dos, mouille mon chandail. Elle est inconsolable et je ne vois absolument pas quoi lui dire. Je pense à sa joue et ses lèvres contre mon épaule. Je sais bien qu'elle est dédaigneuse.

— J'ai des pellicules sur l'épaule, Katy…

Je laisse tomber les mots lentement, plein de culpabilité.

— Mais on s'en fout de tes pellicules! Je suis malheureuse, moi!

Elle a raison. On s'en fout de mes pellicules. Éperdument. Ce n'est pas ça, mon drame personnel. C'est autre chose. C'est peu, dans une vie, avoir des pellicules. C'est rien à côté d'une peine d'amour. C'est rien à côté d'un frère anorexique. Je tente un geste d'affection, bien que cette fille n'éveille pas grand-chose chez moi. Je lui passe la main dans le dos. Elle grimace dès qu'elle sent le bandage de ma main sur la peau de son cou. Sa face de dédain est réapparue en un instant.

— C'est quoi, ça? Ta main a la lèpre, ou quoi?

— Ben non! C'est juste un bandage, là. Calme-toi.

— Qu'est-ce que tu t'es fait?

— Ça fait une semaine que je le porte. Je me suis blessé au poignet.

— En faisant quoi? Est-ce que ça concerne Carl?

Elle me tombe royalement sur les nerfs! Tout ne tourne pas autour de sa petite personne. Mais bon, elle a de la peine, alors elle a le droit, j'imagine.

— Non, ça concerne mon grand frère. Antoine, qu'il s'appelle. Il a dix-huit ans. Il étudie le cinéma dans un cégep à Montréal pis il est anorexique. Les deux ont pas nécessairement de lien, mais c'est de même. Il se trouve qu'il étudie les vieux films pis qu'il est anorexique. Il veut pas grossir. Il veut être tout petit. Il pèse autour de cent livres, pas plus! Pis il est grand pourtant! Cent livres max, pis quand il s'est évanoui, la semaine passée, j'ai essayé de le relever. Pis imagine-toi donc que je me suis foulé le poignet! C'est con, hein? Tu peux le dire, je le sais que c'est con. Cent livres, mon frère. Juste ça. Cent livres, pis j'ai pas été capable de le lever. Pis j'ai même pas été capable de me rendre compte qu'il allait pas bien, même si je voyais qu'il vomissait après chaque repas. C'est con, hein? Pourquoi tu me le dis pas que je suis con? Hein? T'as le droit de me le dire. Je le pense aussi. Je suis con, c'est pas plus compliqué que ça. Je suis con.

Katy a arrêté de pleurer. Elle me regarde avec des gros yeux de poisson. Elle a l'air un peu ridicule, honnêtement. Le nez rouge. Les yeux vitreux. Décoiffée. La joue fripée. Oui, un poisson. Plus rien de Megan Fox.

— Pis là, il va comment, ton frère ?

— Hein ?

Comment sait-elle que j'ai un frère, elle ?

Je réalise que j'ai tout dit. Tout dit à Katy Mossalim que je ne connais presque pas. Sans réfléchir. C'est comme si je n'avais pas été moi. Quelqu'un d'autre semble avoir parlé à travers moi, comme quelqu'un semble écrire à ma place, depuis une semaine.

— Antoine, ton frère anorexique. Il va comment ?

Ma voix tremblote.

— Euh... euh... Mieux.

Et je ne sais même pas si c'est vraiment vrai. S'il va mieux. Mais il ne va pas pire.

C'est ça que je me dis pour le moment. *Il ne va pas pire.* Alors rapidement, je me corrige.

— Il va aller mieux. Je vais tout faire pour.

Un long silence. Toute une armée d'anges passe dans le corridor de mon école secondaire. Ils dansent presque la farandole autour de nous deux, nous isolant des autres. Puis Katy éclate à nouveau en sanglots.

— Il est chanceux de t'avoir, ton frère qui va pas bien ! Moi, Carl est pas là pour moi, aujourd'hui ! Même si j'ai de la peine comme j'en ai jamais eu ! Je le déteste tellement de me faire ça à moi !

Et elle inonde une fois de plus mon épaule qui commençait tout juste à sécher. Katy-le-poisson se blottit dans mes pellicules.

Sa joue et ses lèvres contre mes pellicules.

Ça me fait un peu sourire.

31

21 décembre, Saint-Rémi, quelque part sur la rive sud de Montréal

Précieuse Léonie au rire unique,

Tout d'abord, excuse ma calligraphie désastreuse; je me suis bêtement blessé au poignet droit. Pas une fracture, mais une sérieuse et fâcheuse entorse. Écrire de la main gauche est un petit calvaire pour moi. J'ai l'impression de ne rien maîtriser. Les lettres partent dans tous les sens, tremblent comme si j'étais un bébé ou un vieillard. En tout cas, quelqu'un d'autre que moi. Comme si j'écrivais à l'envers. À l'envers de ma norme. La norme de Léon Renaud.

Je t'écris en pleine récré du midi. Je suis dans la cafétéria de mon école secondaire. Alors que l'hiver est officiellement commencé, il pleut à siaux dehors. La météorologie est toute débalancée. Mon père dit que la météo est en crise hormonale et il n'a pas tout à fait tort. J'espère que nous aurons de la neige pour Noël. C'est mal parti, cette année…

Pour le moment, il pleut tellement que personne ne sort de la cafétéria. Tout le monde est agité autour de moi, comme si c'était l'apocalypse. Il faut dire aussi que c'est notre dernière journée scolaire avant les vacances. Il y a beaucoup d'électricité dans l'air ! Moi, pendant que tout le monde hurle, je choisis de t'écrire. T'écrire calmement. C'est comme si j'étais isolé des autres pour te parler à toi.

Alors voilà, je te parle. Je te chuchote ma lettre. Maintenant que tu connais bien ma voix, mes mots écrits, reçois-les en paroles. J'espère qu'en me lisant, tu m'entends, comme j'ai entendu ta voix partout dans ta dernière lettre. Ta voix, entrecoupée de petits silences et de grands éclats de rire frais comme un 7 Up pétillant. Moi, je n'ai pas ta fraîcheur. Je n'ai que mes murmures.

Commençons avec le primordial :

Mon frère ira mieux. J'aimerais écrire « va mieux », mais ce serait faux. Je ne suis pas certain qu'il aille mieux. Il mange un peu plus, mais ça le culpabilise, je crois. Ce dont je suis certain, par contre, c'est que je ferai tout ce qui est en mon possible pour qu'il aille mieux. Hier soir, avec chacun un gros bol de salade de fruits sur les cuisses, nous nous sommes tapé un autre film de la Nouvelle Vague. Un film de Jean Eustache, cette fois. Pas de Jeanne Moreau dans le film. Je n'ai pas aimé. Antoine m'a avoué que lui non plus, il n'avait pas spécialement aimé. Ça nous a bien fait rire. On s'est moqués longuement du film et j'ai eu l'impression que les choses iraient bien pour Antoine.

Pour ton information, non, mes lunettes ne se réparent pas. Et c'est tant mieux, rassure-toi. Demain, je vais en avoir de nouvelles ! Ma mère a pris rendez-vous chez un optométriste. Ça tombe bien que nous les ayons cassées par accident ; j'avais besoin de changement. J'en avais assez de cette monture délicate et discrète. Je vais en choisir une plus large et foncée. Une monture remarquable ! Des lunettes rétro, comme en portaient tous les réalisateurs de l'ancienne Nouvelle Vague. Des lunettes à la Truffaut, à la Chabrol, à la Godard. Même si c'est hors époque, dans mon école secondaire. Je sais déjà qu'Antoine les trouvera belles et que Carl me trouvera drôle avec. C'est bizarre ce que je vais dire, mais j'ai comme l'impression que ces lunettes-là m'aideront à trouver qui est vraiment Léon Renaud. À préciser ma personne et à me révéler mieux. Trouves-tu que je dis des folies ? Tu as le droit de le penser, tu sais.

J'ai beaucoup pensé à toi. Je pense encore constamment à toi. Je revis ce qui s'est passé dans ma chambre, puis dans le sous-sol de chez Carl. Je revis tout ça avec nostalgie, mais aucune amertume. C'était bien de t'avoir chez moi, dévorant le paquet de saucisses à ma mère et ronflant comme une tondeuse dans mon lit. T'avoir ici, autour de moi, cassant mes lunettes avec tes fesses ou lâchant une lampe de poche sur ma tempe en pleine nuit. Même les choses douloureuses valaient le coup. C'était vraiment bien, Léonie. Tu vaux vraiment le coup. Malgré tes petits mensonges et ton béguin pour mon meilleur ami…

Je ne sais pas lire l'avenir. Je sais que nous sommes loin et que Carl est plus beau que moi. Mais sache juste ça : que je pense à toi. Que quelqu'un, perdu quelque part sur la rive sud de Montréal, pense à toi, perdue quelque part sur la rive sud de Québec.

Sache ça, c'est tout.

Pas de pression, rien.

Je pense à toi, bazwel.

Je suis heureux que nous persistions avec nos lettres. Nous sommes d'un autre temps, tous les deux. Comme mes futures lunettes rétro !

Ton ami gauche,

Coco
XXX

P.-S. : Parce que je l'ai rédigée de la main gauche (la fonctionnelle, mais malhabile), écrire cette lettre m'a demandé un temps fou. J'en ai profité pour choisir chaque phrase, chaque mot, chaque lettre. Tout a été mûri, réfléchi, voulu. Et néanmoins, j'ai l'impression de ne m'être pas censuré. D'avoir tout dit ce que j'avais à te dire.

P.-P.-S. : Je dois t'avouer une dernière chose. Depuis ton départ, je n'avais pas enfilé ton alliance de styromousse. Tu m'en excuseras, j'espère. Mais ce matin, les choses ont changé. Ce matin, j'ai eu envie de penser à toi toute la journée, mais surtout qu'il y ait une trace de toi sur moi. Alors j'ai mis mon jonc de pacotille dans l'annulaire de ma main gauche (la fonctionnelle, mais malhabile). Ce matin, quelqu'un à l'école m'a demandé ce que c'était. J'ai répondu : « Une bague pour célébrer mes noces de styromousse. » On m'a demandé : « Avec qui ? » J'ai répondu : « Quelqu'un d'exceptionnel. »

Écrit en résidence à la Maison des auteurs de Limoges à l'hiver 2011 puis lors d'une résidence d'écriture à Mulhouse à l'automne 2011 et l'hiver 2012 puis achevé à Montréal à l'été 2012.

L'auteur tient à remercier Maxime Mongeon pour sa sensibilité et son enthousiasme, Nadine Chausse et toute l'équipe de la Maison des auteurs de Limoges pour l'accueil royal, Alban Coulaud pour l'étincelle et Thomas Gornet pour l'inspiration.

OUVRAGE RÉALISÉ PAR
LUC JACQUES, TYPOGRAPHE
ACHEVÉ D'IMPRIMER
EN AOÛT 2019
SUR LES PRESSES
DE MARQUIS IMPRIMEUR
POUR LE COMPTE DE
LEMÉAC ÉDITEUR, MONTRÉAL

DÉPÔT LÉGAL
1re ÉDITION : 3e TRIMESTRE 2013
(ÉD. 01 / IMP. 07)